300 tests
D'ALLEMAND

Bettina SCHÖDEL

Module 1
GRUNDLAGEN

Focus Les salutations

Cochez la bonne traduction en allemand.

Corrigé page 10

1. Salut ! *(pour dire bonjour)*
   - **A** Tschüs!
   - **B** Hallo!
   - **C** Guten Tag!

2. Bonjour ! *(le matin au réveil)*
   - **A** Bis bald!
   - **B** Guten Morgen!
   - **C** Gute Nacht!

3. À bientôt !
   - **A** Auf Wiedersehen!
   - **B** Bitte!
   - **C** Bis bald!

4. Salut ! *(pour dire au revoir)*
   - **A** Auf Wiedersehen!
   - **B** Danke!
   - **C** Tschüs!

Complétez les formules de salutation. Il peut y avoir plusieurs réponses possibles.

1. Auf …
   - **A** … bald!
   - **B** … Wiedersehen!
   - **C** … Morgen!

2. Gute …
   - **A** … Nacht!
   - **B** … Morgen!
   - **C** … Tag!

3. Guten…
   - **A** … Nacht!
   - **B** … Morgen!
   - **C** … Tag!

Focus Le présent de l'indicatif du verbe *sein*, être (I)

*Complétez avec la forme du verbe **sein** au présent de l'indicatif qui convient.*

1. Hallo ! Ich … Lea.
   - **A** bin
   - **B** ist
   - **C** sind

2. Wer … du?
   - **A** sein
   - **B** ist
   - **C** bist

Module 1
GRUNDLAGEN

3. Er ... im Kurs C1.
   - **A** bin
   - **B** ist
   - **C** bist

4. ... Sie Herr Schneider?
   - **A** Bist
   - **B** Sind
   - **C** Sein

Focus — Les pronoms interrogatifs

Complétez avec le pronom interrogatif qui convient.

Corrigé page 10

1. ... machen Sie in München?
   - **A** Wo
   - **B** Wer
   - **C** Was

2. ... ist das?
   - **A** Wo
   - **B** Woher
   - **C** Wer

3. ... wohnst du?
   - **A** Wer
   - **B** Wo
   - **C** Woher

4. ... kommt Frau Schneider?
   - **A** Was
   - **B** Woher
   - **C** Wer

5. ... heißen Sie?
   - **A** Wer
   - **B** Was
   - **C** Wie

6. ... geht es Ihnen?
   - **A** Wie
   - **B** Wo
   - **C** Woher

Focus — Les prépositions *in*, à (locatif) et *aus*, de (origine)

Cochez la bonne traduction en allemand.

1. Il est à Berlin.
   - **A** Er ist aus Berlin.
   - **B** Er lebt aus Berlin.
   - **C** Er ist in Berlin.

Module 1
GRUNDLAGEN

2. Je travaille en Allemagne.
   - **A** Ich arbeite aus Deutschland.
   - **B** Ich arbeite in Deutschland.
   - **C** Ich wohne aus Deutschland.

3. Elle vient d'Allemagne.
   - **A** Sie kommt aus Deutschland.
   - **B** Sie kommt in Deutschland.
   - **C** Sie geht in Deutschland.

4. Que font-ils à Munich ?
   - **A** Was machen sie aus München?
   - **B** Was machen sie in München?
   - **C** Was arbeiten sie aus München?

5. Comment ça va à Berlin ?
   - **A** Wie geht's Berlin?
   - **B** Wie geht's in Berlin?
   - **C** Wie geht's aus Berlin?

> Corrigé page 10

> **Astuce** La préposition **in**, *à* + lieu géographique indique le lieu où l'on est/fait qqch. et la préposition **aus**, *de* + lieu géographique indique le lieu d'où l'on vient/provient qqch. (= origine).

Focus Les articles définis *der*, le et *die*, la

Choisissez l'article défini qui convient.

1. ... Lehrer
   - **A** der
   - **B** die

2. ... Frau
   - **A** der
   - **B** die

Module 1
GRUNDLAGEN

3. ... Kurs
   - **A** der
   - **B** die

4. ... Mann
   - **A** der
   - **B** die

5. ... Schülerin
   - **A** der
   - **B** die

6. ... Lehrerin
   - **A** der
   - **B** die

7. ... Straße
   - **A** der
   - **B** die

Astuce Il est important d'apprendre les noms avec leur genre. Notez toutefois ces deux points : 1. les êtres de sexe masculin sont masculins et ceux de sexe féminin sont féminins. 2. Plusieurs masculins forment leur féminin avec le suffixe **-in**.

Focus Majuscule ou minuscule ?

Cochez la bonne traduction en allemand.

Corrigé page 10

1. Qui êtes-vous ? *(vous de politesse)*
   - **A** Wer sind Sie?
   - **B** Wer sind sie?
   - **C** wer sind Sie?

2. Je suis votre nouveau professeur. *(vous de politesse)*
   - **A** Ich bin Ihr neuer Lehrer.
   - **B** Ich bin ihr neuer lehrer.
   - **C** Ich bin Ihr neuer lehrer.

Module 1
GRUNDLAGEN

3. Bonjour Monsieur Schneider !

   Ⓐ Guten tag herr Schneider!

   Ⓑ Guten Tag Herr Schneider!

   Ⓒ guten Tag herr Schneider!

Corrigé page 10

4. Elle vient de Sydney.

   Ⓐ Sie kommt aus sydney.

   Ⓑ Sie kommt aus Sydney.

   Ⓒ Sie kommt Aus Sydney.

Astuce Outre les noms propres et les premiers mots d'une phrase, les noms communs (= substantifs) et les pronoms à la forme de politesse prennent aussi une majuscule en allemand.

Focus Phrases et locutions idiomatiques autour du premier contact

Cochez la bonne traduction en allemand.

1. Entrez !

   Ⓐ Bitte!

   Ⓑ Entschuldigung!

   Ⓒ Herein!

2. Comment vas-tu?

   Ⓐ Wie geht's dir?

   Ⓑ Wohin gehst du?

   Ⓒ Wie geht es Ihnen?

3. Bien, merci. Et toi ?

   Ⓐ Gut, danke. Und Ihnen?

   Ⓑ Viel Spaß!

   Ⓒ Gut, danke. Und dir?

Module 1
WORTSCHATZ

4. Nous pouvons nous tutoyer.

    A Wir können uns siezen.

    B Wir können uns duzen.

    C Wir können los.

Corrigé page 10

Verbes

Présent de l'indicatif aux 3 personnes du singulier et à la forme de politesse :

<u>Verbe irrégulier</u>
sein, *être*
ich bin, *je suis*
du bist, *tu es*
er/sie/es ist, *il/elle est*
Sie sind, *vous êtes*

<u>Verbe régulier</u>
kommen, *venir*
ich komme, *je viens*
du kommst, *tu viens*
er/sie/es kommt, *il/elle vient*
Sie kommen, *vous venez*

arbeiten → du arbeitest, er/sie/es arbeitet Les verbes dont le radical se termine en **-d** ou en **-t** prennent un **-e-** intercalaire.	*travailler → tu travailles, il/elle/on travaille*
duzen → du duzt (cf. heißen)	*tutoyer*
gehen	*aller*
heißen → du heißt Les verbes dont le radical se termine par **-(s)s**, **-ß** ou **-(t)z** prennent un **-t** à la 2ᵉ pers. du sing.	*s'appeler*
kommen	*venir*
machen	*faire*
siezen	*vouvoyer*
wohnen	*habiter*

Module 1
WORTSCHATZ

Noms

die Frau (en) ➜ Frau Schmitt	*femme ➜ Madame Schmitt*
der Herr (en) ➜ Herr Schmitt	*monsieur ➜ Monsieur Schmitt*
der Kurs (e)	*cours*
der Lehrer (-)/die Lehrerin (nen)	*professeur(e)*
der Mann (¨er)	*homme*
der Schüler (-)/die Schülerin (nen)	*élève*
die Straße (n)	*rue*

Noms propres

Berlin	*Berlin*
Deutschland	*Allemagne*
München	*Munich*

Pronoms personnels sujet (= nominatif)

ich	*je*
du	*tu*
er	*il*
sie	*elle*
es	*il ou elle* (pronom neutre)
Sie	*vous* (vouvoiement)

Pronoms interrogatifs

was	*que/quoi ?*
wie	*comment ?*
wer	*qui ?* (sujet)

Module 1
WORTSCHATZ

wo	*où ?* (locatif)
woher	*d'où ?*

Prépositions

aus (+ lieu géographique)	*de* (origine)
in (+ lieu géographique)	*à* (locatif)

Adjectifs/Adverbes

hier	*ici*
gut	*bien*
neu	*nouveau*

Locutions

Auf Wiedersehen!	*Au revoir !* (plus formel)
bitte	*s'il vous plaît/je vous en prie*
danke	*merci*
Entschuldigung!	*Pardon !*
Guten Tag!	*Bonjour !* (plus formel)
Hallo!	*Bonjour !/Salut !*
Tschüs/Tschüss!	*Au revoir !/Salut !*
Wie geht es Ihnen? ➜ Gut, und Ihnen?	*Comment allez-vous ?* (politesse) ➜ *Bien, et vous ?*
Wie geht's/geht es dir? ➜ Gut, und dir ?	*Comment vas-tu ?* ➜ *Bien, et toi ?*
Wie geht's?	*Ça va ?*

Module 1
LÖSUNGEN

Grundlagen

PAGE 2
Les salutations
1 **B** 2 **B** 3 **C** 4 **C**
1 **B** 2 **A** 3 **B/C**

PAGE 2
Le présent de l'indicatif du verbe **sein**, *être* (I)
1 **A** 2 **C** 3 **B** 4 **B**

PAGE 3
Les pronoms interrogatifs
1 **C** 2 **C** 3 **B** 4 **B** 5 **C** 6 **A**

PAGE 3
Les prépositions **in**, *à* (locatif) et **aus**, *de* (origine)
1 **C** 2 **B** 3 **A** 4 **B** 5 **B**

PAGE 4
Les articles définis **der**, *le* et **die**, *la*
1 **A** 2 **B** 3 **A** 4 **A** 5 **B** 6 **B** 7 **B**

PAGE 5
Majuscule ou minuscule ?
1 **A** 2 **A** 3 **B** 4 **B**

PAGE 6
Phrases et locutions idiomatiques autour du premier contact
1 **C** 2 **A** 3 **C** 4 **B**

Vous avez obtenu entre 0 et 12 ? Revoyez chaque question en prenant un ouvrage de référence du niveau A2, comme *Objectif Langues* (Assimil).

Vous avez obtenu entre 13 et 18 ? C'est encore assez moyen. Revoyez vos erreurs toujours en vous aidant d'un ouvrage de référence.

Vous avez obtenu entre 19 et 28 ? C'est bien. Analysez vos erreurs et si besoin est révisez les points que vous ne maîtrisez pas complètement.

Vous avez obtenu entre 29 et 33 ? C'est très bien. Soyez vigilant aux fautes d'attention.

Vous avez obtenu 34 et plus ? Bravo. Vous pouvez passer au niveau supérieur.

Module 2
GRUNDLAGEN

Focus Les lettres de l'alphabet

Cochez la lettre correspondant à la prononciation phonétique donnée.

Corrigé page 19

1. [Ha]
   - **A** h
   - **B** a
   - **C** ä

2. [yo't]
   - **A** j
   - **B** y
   - **C** v

3. [ès-tsè't]
   - **A** s
   - **B** β
   - **C** z

4. [upsilo'n]
   - **A** j
   - **B** i
   - **C** y

5. [é]
   - **A** ä
   - **B** e
   - **C** i

6. [faou]
   - **A** w
   - **B** f
   - **C** v

7. [vé]
   - **A** w
   - **B** f
   - **C** v

8. [è]
   - **A** e
   - **B** ä
   - **C** h

9. [u]
   - **A** u
   - **B** ü
   - **C** o

10. [ou]
    - **A** u
    - **B** ü
    - **C** o

11. [eu]
    - **A** e
    - **B** ö
    - **C** ä

12. [tsè't]
    - **A** s
    - **B** β
    - **C** z

Module 2
GRUNDLAGEN

Focus Épeler son nom de famille

Cochez la prononciation phonétique correspondant au nom donné.

Corrigé page 19

1. Schmidt
   - **A** [s] [tsé] [Ha] [m] [i] [d] [t]
   - **B** [s] [c] [Ha] [m] [i] [d] [t]
   - **C** [s] [ès-tsèt] [Ha] [m] [i] [d] [t]

2. Zweifel
   - **A** [z] [faou] [é] [i] [v] [é] [l]
   - **B** [tsè't] [v] [é] [i] [f] [é] [l]
   - **C** [tsèt] [w] [é] [i] [v] [é] [l]

3. Jansen
   - **A** [upsilo'n] [a] [n] [s] [é] [n]
   - **B** [yo't] [a] [n] [s] [é] [n]
   - **C** [j] [a] [n] [s] [é] [n]

Focus Demander d'épeler/de répéter son nom ou de signer

Cochez la bonne traduction en allemand.

1. Pourriez-vous épeler votre nom s'il vous plaît ?
   - **A** Könnten Sie bitte Ihren Namen buchstabieren?
   - **B** Könnten Sie bitte Ihren Namen wiederholen?

2. Pourriez-vous répéter votre nom s'il vous plaît ?
   - **A** Könnten Sie bitte Ihren Namen buchstabieren?
   - **B** Könnten Sie bitte Ihren Namen wiederholen?

3. Pourriez-vous signer ici s'il vous plaît ?
   - **A** Könnten Sie bitte hier wiederholen?
   - **B** Könnten Sie bitte hier unterschreiben?

Module 2
GRUNDLAGEN

Focus — Le présent de l'indicatif des verbes réguliers ou avec changement de voyelle (I)

Cochez le pronom personnel qui convient.

Corrigé page 19

1. ... kommst/fährst/liest/sprichst
   - **A** ich
   - **B** du
   - **C** Sie

2. ... kommen/fahren/lesen/sprechen
   - **A** du
   - **B** er/sie/es
   - **C** Sie

3. ... kommt/fährt/liest/spricht
   - **A** ich
   - **B** er/sie/es
   - **C** Sie

4. ... komme/fahre/lese/spreche
   - **A** ich
   - **B** er/sie/es
   - **C** Sie

Astuce Au singulier, les verbes réguliers ou avec changement de voyelle se terminent par **-e, -st, -t** et à la forme de politesse par **-en**. Les verbes avec changement de voyelle modifient leur radical aux 2e et 3e personnes du singulier : **a → ä, e → i** ou **ie**.

Focus — Les pronoms interrogatifs *wo*, *wohin* et *woher*, où et d'où (destination)

Complétez avec le pronom interrogatif qui convient.

1. ... bist du ?
   - **A** Wo
   - **B** Wohin

2. ... kommt er?
   - **A** Wohin
   - **B** Woher

3. ... fährst du?
   - **A** Woher
   - **B** Wohin

Module 2
GRUNDLAGEN

Complétez avec le verbe qui convient.

Corrigé page 19

1. Wo ... Sie?
   - **A** wohnen
   - **B** kommen
   - **C** fahren

2. Wohin ... du?
   - **A** bist
   - **B** gehst
   - **C** sprichst

3. Wohin ... sie?
   - **A** ist
   - **B** macht
   - **C** fährt

Astuce **Wohin** interroge sur le lieu où l'on va, **wo** sur le lieu où l'on est et **woher** sur le lieu d'où l'on vient.

Focus **Les prépositions *in*, *nach* et *aus*, à, en et de (origine)**

Complétez avec la préposition qui convient.

1. Sie fährt ... Frankreich.
   - **A** nach
   - **B** in
   - **C** aus

2. Sie arbeitet ... Berlin.
   - **A** aus
   - **B** in
   - **C** nach

3. Frau Müller kommt ... Hamburg.
   - **A** in
   - **B** nach
   - **C** aus

Astuce **nach** *à/en* + lieu géographique indique le lieu où l'on va.

Focus **Les pronoms interrogatifs *wer*, qui et *was*, que**

Cochez la bonne traduction en allemand.

1. Qu'est-ce que c'est ?
   - **A** Wer ist das?
   - **B** Was ist das?

Module 2
GRUNDLAGEN

2. Qui est ton professeur ?

   A Wer ist dein Lehrer?

   B Was ist dein Lehrer?

3. Qui es-tu ?

   A Was bist du?

   B Wer bist du?

4. Que dites-vous ?

   A Wer sagen Sie?

   B Was sagen Sie?

Corrigé page 19

Focus   Demander comment ça va (formel/non formel) et répondre

Cochez la bonne traduction en allemand.

1. Comment vas-tu ?

   A Wie geht es Ihnen?

   B Wie geht es/geht's dir?

   C Wie gehst du?

2. Comment allez-vous ? *(vouvoiement)*

   A Wie geht es Ihnen?

   B Wie geht es Sie?

   C Wie geht es euch?

3. Comment allez-vous ? *(tutoiement pluriel)*

   A Wie geht es ihr?

   B Wie geht es euch?

   C Wie geht ihr?

Module 2
GRUNDLAGEN

4. Je vais bien, merci.

    A Mir geht es/geht's gut, danke.

    B Ich gehe gut, danke

    C Mich geht es/geht's gut, danke.

5. Bien merci, et toi ?

    A Gut danke, und du?

    B Gut danke, und dich?

    C Gut danke, und dir?

6. Bien merci, et vous ? *(tutoiement pluriel)*

    A Gut danke, und ihr?

    B Gut danke, und ihnen?

    C Gut danke, und euch?

7. Bien merci, et vous ? *(vouvoiement)*

    A Gut danke, und Ihnen?

    B Gut danke, und dich?

    C Gut danke, und dir?

Corrigé page 19

Focus Les articles définis *der*, *die*, *das* (neutre), *die,* le, la, les

*Cochez l'article défini qui convient. Attention à la distinction entre **die** au singulier (sing.) et **die** au pluriel (plur.).*

1. ... Name

    A der   **B** die *(sing.)*   **C** das

2. ... Kind

    A die *(sing.)*   **B** die *(plur.)*   **C** das

3. ... Kinder

    A der   **B** die *(plur.)*   **C** das

Module 2
GRUNDLAGEN

4. ... Herr
   - **A** der
   - **B** die *(sing.)*
   - **C** das

5. ... Herren
   - **A** der
   - **B** die *(plur.)*
   - **C** das

6. ... Lehrerinnen
   - **A** die *(plur.)*
   - **B** die *(sing.)*
   - **C** das

7. ... Mädchen
   - **A** der
   - **B** die *(sing.)*
   - **C** das

8. ... Lehrer
   - **A** der
   - **B** die *(sing.)*
   - **C** das

9. ... Lehrerin
   - **A** die *(plur.)*
   - **B** die *(sing.)*
   - **C** das

Corrigé page 19

Astuce Les petits des êtres vivants et les diminutifs en **-chen** et **-lein** sont neutres.

Module 2
WORTSCHATZ

Verbes

buchstabieren	*épeler*
fahren* → er fährt	*aller (avec un véhicule à roues)/ conduire/rouler*
fliegen	*aller (en avion)/voler*
lesen* → er liest	*lire*
sagen	*dire*
schreiben	*écrire*
sprechen* → er spricht	*parler*
unterschreiben	*signer*
wiederholen	*répéter*

* Pour les verbes avec changement de voyelle, la 3ᵉ personne du singulier est indiquée.

Noms

das Kind (er)	*enfant*
das Mädchen (-)	*fille*
der Name (n)	*nom*

Pronoms interrogatifs

wohin	*où ?* (directif)
wo	*où ?* (locatif)
woher	*d'où ?* (provenance)

Prépositions de lieu

nach	*à/en + lieu géographique* (directif)
in	*à/en + lieu géographique* (locatif)
aus	*de + lieu géographique* (provenance)

Locution

Wie geht es euch? → Gut, und euch?	Comment allez-vous ? → Bien, et vous ? *(tutoiement pluriel)*

Module 2
LÖSUNGEN

Grundlagen

VOTRE SCORE :

PAGE 11
Les lettres de l'alphabet
1 **A** 2 **A** 3 **B** 4 **C** 5 **B** 6 **C** 7 **A** 8 **B** 9 **B** 10 **A** 11 **B** 12 **C**

PAGE 12
Épeler son nom de famille
1 **A** 2 **B** 3 **B**

PAGE 12
Demander d'épeler/de répéter son nom ou de signer
1 **A** 2 **B** 3 **B**

PAGE 13
Le présent de l'indicatif des verbes réguliers ou avec changement de voyelle (I)
1 **B** 2 **C** 3 **B** 4 **A**

PAGES 13-14
Les pronoms interrogatifs **wo**, **wohin** et **woher**, *où* et *d'où* (destination)
1 **A** 2 **B** 3 **B**
1 **A** 2 **B** 3 **C**

PAGE 14
Les prépositions **in**, **nach** et **aus**, *à*, *en* et *de* (origine)
1 **A** 2 **B** 3 **C**

PAGE 14
Les pronoms interrogatifs **wer**, *qui* et **was**, *que*
1 **B** 2 **A** 3 **B** 4 **B**

PAGE 15
Demander comment ça va (formel/non formel) et répondre
1 **B** 2 **A** 3 **B** 4 **A** 5 **C** 6 **C** 7 **A**

PAGE 16
Les articles définis **der**, **die**, **das** (neutre), **die**, *le*, *la*, *les*
1 **A** 2 **C** 3 **B** 4 **A** 5 **B** 6 **A** 7 **C** 8 **A** 9 **B**

Vous avez obtenu entre 0 et 17 ? Revoyez chaque question en prenant un ouvrage de référence du niveau A2, comme *Objectif Langues* (Assimil).

Vous avez obtenu entre 18 et 25 ? C'est encore assez moyen. Revoyez vos erreurs toujours en vous aidant d'un ouvrage de référence.

Vous avez obtenu entre 26 et 38 ? C'est bien. Analysez vos erreurs et si besoin est révisez les points que vous ne maîtrisez pas complètement.

Vous avez obtenu entre 39 et 45 ? C'est très bien. Soyez vigilant aux fautes d'attention.

Vous avez obtenu 46 et plus ? Bravo. Vous pouvez passer au niveau supérieur.

Module 3
GRUNDLAGEN

Focus Compter jusqu'à 12

Cochez le chiffre/nombre qui manque dans chaque série.

> Corrigé page 28

1. fünf - sechs - sieben - ...
   - **A** vier
   - **B** acht
   - **C** neun

2. neun - zehn - ... - zwölf
   - **A** acht
   - **B** elf
   - **C** drei

3. elf - ... - sieben - fünf
   - **A** null
   - **B** zehn
   - **C** neun

Focus Indiquer son numéro de téléphone

Cochez le numéro de téléphone en chiffres correspondant à celui donné en toutes lettres.

1. drei - null - sechs - fünf
   - **A** 3174
   - **B** 3065
   - **C** 3965

2. zwei - sechs - fünf - sieben
   - **A** 2756
   - **B** 9657
   - **C** 2657

3. vier - zwei - null - neun - fünf - sechs
   - **A** 420956
   - **B** 429056
   - **C** 249056

Focus Compter de 13 à 19

Cochez le nombre en toutes lettres correspondant à celui donné en chiffres.

1. 19
   - **A** zehnneun
   - **B** neunzehn
   - **C** neunundzehn

2. 13
   - **A** fünfzehn
   - **B** zehnunddrei
   - **C** dreizehn

3. 18
   - **A** achtzehn
   - **B** achtzig
   - **C** zehnacht

Module 3
GRUNDLAGEN

> **Astuce** Les nombres de 13 à 19 se forment à partir du chiffre + **zehn**. Attention à 16, 6 perd son **-s** final, **sechs → sechzehn** et à 17, 7 perd son **-en** final, **sieben → siebzehn**.

Focus Indiquer le numéro de la rue

Cochez le numéro en toutes lettres correspondant à celui donné en chiffres.

1. Ich wohne Mozartstraße 18.
   - **A** achtundzehn
   - **B** achtzehn
   - **C** zehnacht
   - **D** zehnundacht

2. Sie wohnt Donaustraße 15.
   - **A** fünfundzehn
   - **B** zehnundfünf
   - **C** zehnfünf
   - **D** fünfzehn

3. Wir wohnen Waldweg 11.
   - **A** einzehn
   - **B** elf
   - **C** einsundzehn
   - **D** elfzehn

Corrigé page 28

Focus Les pronoms personnels sujet (= nominatif)

Complétez avec le pronom personnel correspondant au pronom français indiqué entre parenthèses.

1. Ja, ... kommt aus Berlin. *(il)*
   - **A** er
   - **B** sie
   - **C** Sie

2. Ja, ... kommen morgen. *(nous)*
   - **A** wir
   - **B** ihr
   - **C** sie

3. Woher kommt ...? *(vous, tutoiement pluriel)*
   - **A** wir
   - **B** ihr
   - **C** ich

4. Kommst ... aus Berlin? *(tu)*
   - **A** ihr
   - **B** du
   - **C** ich

Module 3
GRUNDLAGEN

5. Kommen ... auch aus Berlin? *(ils/elles)*
   - **A** Sie
   - **B** sie
   - **C** ihr

Corrigé page 28

Focus — Le présent de l'indicatif du verbe *sein*, être (II)

*Complétez avec la forme du verbe **sein** au présent de l'indicatif qui convient.*

1. Wer ... Sie?
   - **A** sind
   - **B** ist
   - **C** seid

2. Wo ... ihr?
   - **A** sind
   - **B** seid
   - **C** ist

3. ... du auch aus München?
   - **A** Ist
   - **B** Bin
   - **C** Bist

4. Wir ... in Hamburg.
   - **A** sind
   - **B** seid
   - **C** bist

5. Lea und Leo ... da.
   - **A** sind
   - **B** seid
   - **C** ist

6. Ich ... in München.
   - **A** bin
   - **B** bist
   - **C** ist

7. Lea ... nicht da.
   - **A** sind
   - **B** ist
   - **C** sein

8. Ich... nicht da.
   - **A** bin
   - **B** bist
   - **C** sind

Focus — Le présent de l'indicatif des verbes réguliers (II)

Complétez avec la forme du verbe au présent de l'indicatif qui convient.

1. ich ...
   - **A** sage
   - **B** sagst
   - **C** sagt

Module 3
GRUNDLAGEN

2. du ...
   - **A** kommst
   - **B** kommt
   - **C** kommen

3. er/sie/es ...
   - **A** wohnt
   - **B** wohnst
   - **C** wohnen

4. wir ...
   - **A** kennt
   - **B** kennten
   - **C** kennen

5. ihr ...
   - **A** lernst
   - **B** lernt
   - **C** lerne

6. sie/Sie ...
   - **A** saget
   - **B** sagst
   - **C** sagen

7. arbeiten → du ...
   - **A** arbeitest
   - **B** arbeitst

8. reisen → du ...
   - **A** reisst
   - **B** reist

Corrigé page 28

9. tanzen → du ...
   - **A** tanzt
   - **B** tanzst

Astuce Le présent de l'indicatif des verbes réguliers se forment à partir du radical du verbe + terminaisons -e / -st / -t / -en / -t / -en. Les verbes se terminant par -d ou -t prennent un **e** phonétique aux 2è et 3è personnes du singulier et à la 2è personne du pluriel. Les verbes se terminant par -s, -β ou -z prennent juste un **t** à la 2è personne du singulier.

Focus — Le présent de l'indicatif des verbes avec changement de voyelle (II)

Complétez avec la forme du verbe au présent de l'indicatif qui convient.

1. schlafen → du ...
   - **A** schlafst
   - **B** schläfst

2. fahren → er/sie/es ...
   - **A** fahrt
   - **B** fährt

Module 3
GRUNDLAGEN

Corrigé page 28

3. helfen → wir …

   A helfen   **B** hilfen

4. geben → er/sie/es …

   A gebt   **B** gibt

5. helfen → ihr …

   A helft   **B** hilft

6. lesen → ich …

   A lese   **B** liese

7. nehmen → du …

   A nehmst   **B** nimmst

8. nehmen → ich …

   A nehme   **B** nimme

9. nehmen → er/sie/es …

   A nehmt   **B** nimmt

Astuce Certains verbes (pas tous) ayant un radical en **a** ou **e** changent de voyelle aux 2ᵉ et 3ᵉ personnes du singulier. Le **a** devient **ä** et le **e** devient **i** ou **ie**. Pour le reste de la conjugaison, la règle est la même que pour les verbes réguliers. Attention à **nehmen** qui est un peu particulier !

Focus L'école

Cochez la bonne traduction en allemand.

1. l'école

   A der Schüler   **B** die Schule   **C** der Stift

2. le cahier

   A das Heft   **B** das Buch   **C** der Stift

3. le livre

   A das Heft   **B** das Buch   **C** der Stift

Module 3
GRUNDLAGEN

4. le stylo
   - **A** das Heft
   - **B** das Buch
   - **C** der Stift

5. le tableau
   - **A** die Tafel
   - **B** die Prüfung
   - **C** der Stift

6. l'examen
   - **A** die Tafel
   - **B** die Prüfung
   - **C** der Lehrer

Focus Les articles indéfinis *ein* (masc./neut.), *eine*, Ø, un, une, des

Complétez avec l'article indéfini qui convient ou pas d'article du tout.

Corrigé page 28

1. die Lehrerinnen → ... Lehrerinnen
   - **A** ein
   - **B** eine
   - **C** Ø

2. das Buch → ... Buch
   - **A** ein
   - **B** eine
   - **C** Ø

3. die Schule → ... Schule
   - **A** ein
   - **B** eine
   - **C** Ø

4. der Schüler → ... Schüler
   - **A** ein
   - **B** eine
   - **C** Ø

5. die Freunde → ... Freunde
   - **A** ein
   - **B** eine
   - **C** Ø

Focus *Das ist*, c'est et *das sind*, ce sont

Complétez les phrases comme il convient. Il peut y avoir plusieurs réponses possibles.

1. Ja, das ist ... .
   - **A** Tom
   - **B** Lea und Tom
   - **C** ein Stift
   - **D** Bücher

Module 3
WORTSCHATZ

2. Das sind ... .
   - **A** meine Frau
   - **B** gut
   - **C** die Bücher
   - **D** Herr und Frau Müller

3. ... ist das?
   - **A** Wer
   - **B** Auch
   - **C** Wo
   - **D** Was

4. Ist das ...?
   - **A** gut
   - **B** dein Lehrer
   - **C** die Bücher
   - **D** wo

Corrigé page 28

Chiffres et nombres jusqu'à 19

0 null	1 eins	2 zwei	3 drei
4 vier	5 fünf	6 sechs	7 sieben
8 acht	9 neun	10 zehn	11 elf
12 zwölf	13 dreizehn	14 vierzehn	15 fünfzehn
16 sechzehn	17 siebzehn	18 achtzehn	19 neunzehn

Verbes

geben → er gibt	*donner*
helfen → er hilft	*aider*
kennen	*connaître*
lernen	*apprendre*
nehmen → er nimmt	*prendre*
reisen	*voyager*
schlafen → er schläft	*dormir*
sehen → er sieht	*voir*

Module 3
WORTSCHATZ

sein	*être*
tanzen	*danser*
das ist	*c'est*
das sind	*ce sont*

Noms

das Buch (¨er)	*livre*
der Freund (e)	*ami*
das Heft (e)	*cahier*
die Prüfung (en)	*examen*
die Schule (n)	*école*
der Stift (e)	*stylo*
die Tafel (n)	*tableau*

Pronoms personnels sujet (= nominatif)

ich	*je*
du	*tu*
er/sie/es	*il/elle/pronom neutre*
wir	*nous*
ihr	*vous (tutoiement au pluriel)*
sie	*ils/elles*
Sie	*vous (vouvoiement)*

Articles définis et indéfinis (au nominatif)

masculin	féminin	neutre	pluriel
der	die	das	die
ein	eine	ein	Ø

Module 3
LÖSUNGEN

Grundlagen

VOTRE SCORE :

PAGE 20 - Compter jusqu'à 12
1 **B** 2 **B** 3 **C**

PAGE 20 - Indiquer son numéro de téléphone
1 **B** 2 **C** 3 **A**

PAGE 20 - Compter de 13 à 19
1 **B** 2 **C** 3 **A**

PAGE 21 - Indiquer le numéro de la rue
1 **B** 2 **D** 3 **B**

PAGE 21 - Les pronoms personnels sujet (= nominatif)
1 **A** 2 **A** 3 **B** 4 **B** 5 **B**

PAGE 22 - Le présent de l'indicatif du verbe **sein**, *être* (II)
1 **A** 2 **B** 3 **C** 4 **A** 5 **A** 6 **A** 7 **B** 8 **A**

PAGE 22 - Le présent de l'indicatif des verbes réguliers (II)
1 **A** 2 **A** 3 **A** 4 **C** 5 **B** 6 **C** 7 **A** 8 **B** 9 **A**

PAGE 23 - Le présent de l'indicatif des verbes avec changement de voyelle (II)
1 **B** 2 **B** 3 **A** 4 **B** 5 **A** 6 **A** 7 **B** 8 **A** 9 **B**

PAGE 24 - L'école
1 **B** 2 **A** 3 **B** 4 **C** 5 **A** 6 **B**

PAGE 25 - Les articles indéfinis **ein** (masc./neut.), **eine**, **0**, *un*, *une*, *des*
1 **C** 2 **A** 3 **B** 4 **A** 5 **C**

PAGE 25 - **Das ist**, *c'est* et **das sind**, *ce sont*
1 **A/C** 2 **C/D** 3 **A/C/D** 4 **A/B**

Vous avez obtenu entre 0 et 19 ? Revoyez chaque question en prenant un ouvrage de référence du niveau A2, comme *Objectif Langues* (Assimil).

Vous avez obtenu entre 20 et 29 ? C'est encore assez moyen. Revoyez vos erreurs toujours en vous aidant d'un ouvrage de référence.

Vous avez obtenu entre 30 et 43 ? C'est bien. Analysez vos erreurs et si besoin est révisez les points que vous ne maîtrisez pas complètement.

Vous avez obtenu entre 44 et 51 ? C'est très bien. Soyez vigilant aux fautes d'attention.

Vous avez obtenu 52 et plus ? Bravo. Vous pouvez passer au niveau supérieur.

Module 4
GRUNDLAGEN

Focus Les dizaines

Cochez le nombre en toutes lettres correspondant à celui donné en chiffres.

1. 70
   - A siebzig
   - B vierzig
   - C neunzig

2. 30
   - A vierzig
   - B fünzig
   - C dreißig

3. 20
   - A zweizig
   - B zwanzig
   - C zwölf

4. 40
   - A vierzig
   - B vierzehn
   - C vierundzig

Astuce Les dizaines se forment à partir du chiffre + **zig**. Attention à 60, 6 perd son **-s** final, **sechs → sechzig** et à 70, 7 perd son **-en** final, **sieben → siebzig**.

Focus Compter de 21 à 99

Cochez le nombre en toutes lettres correspondant à celui donné en chiffres.

1. 54
   - A fünfvierzig
   - B vierundfünzig

Corrigé page 37

2. 22
   - A zwanzigzwei
   - B zweiundzwanzig

3. 25
   - A zweiundfünfzig
   - B fünfundzwanzig

4. 36
   - A sechsunddreißig
   - B sechsunddreizehn

Module 4
GRUNDLAGEN

Corrigé page 37

5. 38
   - **A** achtunddreißig
   - **B** dreiundachtzig

6. 83
   - **A** achtunddrei
   - **B** dreiundachtzig

> **Astuce** Les nombres de 21 à 99 se forment à partir du chiffre + **und** + dizaine. Attention, 1 (**eins**) perd son **-s** final : 21 → einundzwanzig, 31 → einunddreißig, etc.

Focus Demander et indiquer l'âge

Complétez avec le mot qui convient.

1. Wie ... sind Sie? *Quel âge avez-vous ?*
   - **A** viel
   - **B** Jahre
   - **C** alt

2. Ich bin 20 ... alt. *J'ai 20 ans.*
   - **A** viel
   - **B** Jahre
   - **C** alt

3. Wie alt ... du? *Quel âge as-tu ?*
   - **A** bist
   - **B** hast
   - **C** sind

Focus Indiquer le lieu de naissance et l'état civil

Complétez avec le mot qui convient.

1. Ich bin in Deutschland ... . *Je suis né(e) en Allemagne.*
   - **A** geschieden
   - **B** geboren
   - **C** alt

2. Ich bin ... . *Je suis célibataire.*
   - **A** verheiratet
   - **B** geschieden
   - **C** ledig

3. Ich bin ... . *Je suis marié/e.*
   - **A** verheiratet
   - **B** geschieden
   - **C** ledig

Module 4
GRUNDLAGEN

4. Ich bin ... . *Je suis veuf/ve.*
   - **A** verheiratet
   - **B** geschieden
   - **C** verwitwet

5. Ich bin ... . *Je suis divorcé/e.*
   - **A** verheiratet
   - **B** geschieden
   - **C** ledig

Focus Les noms composés autour de l'identité

Complétez les mots composés avec le premier terme qui convient. Il peut y avoir plusieurs réponses possibles.

1. der ...name *(le prénom)*
   - **A** Nach
   - **B** Vor
   - **C** Familien

2. der ...name *(le nom de famille)*
   - **A** Familien
   - **B** Vor
   - **C** Nach

3. der ...name *(le nom de jeune-fille)*
   - **A** Mädchen
   - **B** Vor
   - **C** Familien

Complétez les mots composés avec le second terme qui convient.

Corrigé page 37

1. das Geburts... *(la date de naissance)*
   - **A** ort
   - **B** datum
   - **C** jahr

2. der Geburts... *(le lieu de naissance)*
   - **A** ort
   - **B** jahr
   - **C** tag

3. der Geburts... *(l'anniversaire)*
   - **A** datum
   - **B** jahr
   - **C** tag

4. das Geburts... *(l'année de naissance)*
   - **A** datum
   - **B** jahr
   - **C** tag

5. die Staats... *(la nationalité)*
   - **A** angehörigkeit
   - **B** land
   - **C** ort

Module 4
GRUNDLAGEN

Focus Le présent de l'indicatif du verbe *werden*, devenir

*Complétez avec la forme du verbe **werden** au présent de l'indicatif qui convient.*

1. Ich ... 18.
   - A wird
   - B wirde
   - C werde

2. Wie alt ... du?
   - A werdst
   - B wirst
   - C werdest

3. Er ... morgen 40.
   - A werd
   - B wird
   - C wiert

4. Wir ... bald 20.
   - A werden
   - B wirden
   - C werdet

5. Wann ... ihr 18?
   - A wird
   - B wirdet
   - C werdet

6. Leo und Lea ... 20.
   - A werden
   - B wirst
   - C wirdet

7. Sie ... 50. *(vouvoiement)*
   - A wirden
   - B wird
   - C werden

Focus Indiquer le pays d'origine

Complétez avec la bonne traduction en allemand du pays indiqué entre parenthèses.

Corrigé page 37

1. Ich komme aus ... *(Espagne)*
   - A Spanien
   - B Spanier
   - C Spanisch
   - D Spanierisch

2. Ich komme aus ... *(France)*
   - A Französisch
   - B Frankreich
   - C der Franzose
   - D Französin

Module 4
GRUNDLAGEN

3. Ich komme aus ... *(Suisse)*
   - **A** Schweiz
   - **B** Schweizland
   - **C** der Schweiz
   - **D** Schweizerisch

   Corrigé page 37

4. Ich komme aus ... *(Allemagne)*
   - **A** Deutsch
   - **B** dem Deutschland
   - **C** Deutscher
   - **D** Deutschland

5. Ich komme aus ... *(États-Unis)*
   - **A** den Vereinigten Staaten
   - **B** Staaten vereinigt
   - **C** Vereinigten Staaten
   - **D** den Vereinigten Städte

6. Ich komme aus ... *(Chine)*
   - **A** Chinesisch
   - **B** Chineser
   - **C** der China
   - **D** China

Focus Indiquer la nationalité

Complétez avec la bonne traduction en allemand du terme entre parenthèses.

1. Ich bin ... *(Allemand/Allemande)*
   - **A** Deutscher/Deutsche
   - **B** Deuscher/Deutscherin

2. Ich bin ... *(Français/Française)*
   - **A** Französer/Französerin
   - **B** Franzose/Französin

3. Ich bin ... *(Italien/Italienne)*
   - **A** Italiener/Italienerin
   - **B** Italianischer/Italianischerin

4. Ich bin ... *(Américain/Américaine)*
   - **A** Amerikane/Amerikanin
   - **B** Amerikaner/Amerikanerin

Module 4
WORTSCHATZ

Focus Indiquer la langue parlée

Cochez la langue correspondant au pays indiqué.

Corrigé page 37

1. Frankreich ➜ Ich spreche ...
   - **A** Franzosisch
   - **B** Französisch
   - **C** Franzose

2. Spanien ➜ Ich spreche ...
   - **A** Spanierisch
   - **B** Spanier
   - **C** Spanisch

3. Italien ➜ Wir sprechen ...
   - **A** Italienisch
   - **B** Italienerin
   - **C** Italiener

4. Großbritannien ➜ Wir sprechen ...
   - **A** Englisch
   - **B** Engländerisch
   - **C** England

Nombres de 20 à 99

20 zwanzig	27 siebenundzwanzig	50 fünfzig
21 einundzwanzig	28 achtundzwanzig	57 siebenundfünfzig
22 zweiundzwanzig	29 neunundzwanzig	60 sechzig
23 dreiundzwanzig	30 dreißig	70 siebzig
24 vierundzwanzig	34 vierunddreißig	80 achtzig
25 fünfundzwanzig	40 vierzig	90 neunzig
26 sechsundzwanzig	45 fünfundvierzig	99 neunundneunzig

Noms

der Vorname (n)	*prénom*
der Familienname (n)/ der Nachname (n)	*nom de famille*
das Geburtsdatum (-daten)	*date de naissance*
das Geburtsjahr (e)	*année de naissance*
der Geburtsort (e)	*lieu de naissance*
der Geburtstag (e)	*anniversaire*

Module 4
WORTSCHATZ

der Mädchenname (n)	*nom de jeune fille*
die Staatsangehörigkeit (en)	*nationalité*

Nationalités, pays et langues.

China	*Chine*
der Chinese (n)/die Chinesin (nen)	*Chinois/Chinoise*
Chinesisch	*le chinois* (langue)
Deutschland	*Allemagne*
der Deutsche (n)/die Deutsche (n) **MAIS** ein Deutscher/eine Deutsche ➜ ich bin Deutscher/Deutsche	*Allemand/Allemande*
Deutsch	*l'allemand* (langue)
Frankreich	*France*
der Franzose (n)/die Französin (nen)	*Français/Française*
Französisch	*le français* (langue)
Großbritannien	*Grande-Bretagne*
der Brite (n)/die Britin (nen)	*Britanique*
Englisch	*l'anglais* (langue)
Italien	*Italie*
der Italiener (-)/die Italienerin (nen)	*Italien/Italienne*
Italienisch	*l'italien* (langue)
die Schweiz	*Suisse*
der Schweizer (-)/die Schweizerin (nen)	*Suisse/Suissesse*
Spanien	*Espagne*
der Spanier (-)/die Spanierin (nen)	*Espagnol/Espagnole*
Spanisch	*l'espagnol* (langue)

Module 4
WORTSCHATZ

die Vereinigten Staaten/Amerika	*États-Unis/Amérique*
der Amerikaner (-)/ die Amerikanerin (nen)	*Américain/Américaine*
Amerikanisch	*l'américain* (langue)

Participes passés/Adjectifs

geboren (ich bin…)	*né (je suis…)*
geschieden	*divorcé/e*
ledig	*célibataire*
verheiratet	*marié/e*
verwitwet	*veuf/ve*

Locutions

Wie alt bist du/sind Sie?	*Quel âge as-tu/avez-vous ?*
Ich bin 20 (Jahre alt).	*J'ai 20 ans.*

Module 4
LÖSUNGEN

Grundlagen

PAGE 29
Les dizaines
1 **A** 2 **C** 3 **B** 4 **A**

PAGE 29
Compter de 21 à 99
1 **B** 2 **B** 3 **B** 4 **A** 5 **A** 6 **B**

PAGE 30
Demander et indiquer l'âge
1 **C** 2 **B** 3 **A**

PAGE 30
Indiquer le lieu de naissance et l'état civil
1 **B** 2 **C** 3 **A** 4 **C** 5 **B**

PAGE 31
Les noms composés autour de l'identité
1 **B** 2 **A/C** 3 **A**
1 **B** 2 **A** 3 **C** 4 **B** 5 **A**

PAGE 32
Le présent de l'indicatif du verbe **werden**, *devenir*
1 **C** 2 **B** 3 **B** 4 **A** 5 **C** 6 **A** 7 **C**

PAGE 32
Indiquer le pays d'origine
1 **A** 2 **B** 3 **C** 4 **D** 5 **A** 6 **D**

PAGE 33
Indiquer la nationalité
1 **A** 2 **B** 3 **A** 4 **B**

PAGE 34
Indiquer la langue parlée
1 **B** 2 **C** 3 **A** 4 **A**

Vous avez obtenu entre 0 et 15 ? Revoyez chaque question en prenant un ouvrage de référence du niveau A2, comme *Objectif Langues* (Assimil).

Vous avez obtenu entre 16 et 23 ? C'est encore assez moyen. Revoyez vos erreurs toujours en vous aidant d'un ouvrage de référence.

Vous avez obtenu entre 24 et 35 ? C'est bien. Analysez vos erreurs et si besoin est révisez les points que vous ne maîtrisez pas complètement.

Vous avez obtenu entre 36 et 42 ? C'est très bien. Soyez vigilant aux fautes d'attention.

Vous avez obtenu 43 et plus ? Bravo. Vous pouvez passer au niveau supérieur.

Module 5
GRUNDLAGEN

Focus La famille

Cochez la bonne traduction en allemand.

Corrigé page 48

1. ma sœur
   - A meine Schwester
   - B meine Tochter
   - C mein Sohn
   - D meine Geschwister

2. mon fils
   - A meine Schwester
   - B mein Bruder
   - C mein Sohn
   - D meine Geschwister

3. mon frère
   - A mein Enkel
   - B mein Bruder
   - C mein Sohn
   - D meine Geschwister

4. mon père
   - A meine Eltern
   - B mein Bruder
   - C mein Sohn
   - D mein Vater

5. mes parents
   - A meine Eltern
   - B meine Großeltern
   - C mein Sohn
   - D meine Geschwister

6. ma grand-mère
   - A meine Eltern
   - B meine Großeltern
   - C meine Großmutter
   - D meine Geschwister

7. mes frères et sœurs
   - A meine Söhne
   - B meine Großeltern
   - C meine Großmutter
   - D meine Geschwister

8. ma fille
   - A mein Mädchen
   - B meine Frau
   - C meine Tochter
   - D meine Geschwister

Module 5
GRUNDLAGEN

9. ma mère
   - **A** meine Mutter
   - **B** meine Frau
   - **C** meine Tochter
   - **D** meine Geschwister

10. ma petite-fille
    - **A** mein Enkel
    - **B** mein kleines Mädchen
    - **C** meine Enkelin
    - **D** meine Geschwister

Corrigé page 48

Focus Les déterminants possessifs au nominatif

Complétez avec le déterminant possessif allemand correspondant à celui indiqué entre parenthèses.

1. ... Schwester *(ma)*
   - **A** mein
   - **B** meine
   - **C** deine

2. ... Kinder *(tes)*
   - **A** dein
   - **B** deine
   - **C** meine

3. ... Mutter *(notre)*
   - **A** unsere
   - **B** Ihre
   - **C** meine

4. ... Bruder *(votre, tutoiement pluriel)*
   - **A** euer
   - **B** ihr
   - **C** unsere

5. ... Eltern *(leurs)*
   - **A** euer
   - **B** ihre
   - **C** ihr

Focus Les déterminants possessifs : 3ᵉ pers. du sing. du nominatif

Complétez avec le déterminant possessif allemand correspondant au possesseur indiqué entre parenthèses (à lui pour le masc., à l'enfant pour le neutre ou à elle pour le fém.).

1. ... Tante *(sa, à lui)*
   - **A** seine
   - **B** ihr
   - **C** ihre

Module 5
GRUNDLAGEN

Corrigé page 48

2. ... Eltern *(ses, à elle)*
   - **A** seine
   - **B** ihr
   - **C** ihre

3. ... Vater *(son, à l'enfant)*
   - **A** seine
   - **B** ihr
   - **C** sein

4. ... Bruder *(son, à elle)*
   - **A** seine
   - **B** ihr
   - **C** sein

5. ... Bruder *(son, à lui)*
   - **A** seine
   - **B** sein
   - **C** ihr

Astuce **Sein/e** s'emploie pour un possesseur masculin ou neutre et **ihr/e** pour un possesseur féminin.

Focus Le présent de l'indicatif du verbe *haben*, avoir

*Complétez avec la forme du verbe **haben** au présent de l'indicatif qui convient.*

1. Ich ... eine Schwester.
   - **A** hast
   - **B** habe
   - **C** habt

2. ... du Geschwister?
   - **A** Hat
   - **B** Habt
   - **C** Hast

3. Leo ... zwei Brüder.
   - **A** hat
   - **B** habe
   - **C** hast

4. Wir ... drei Brüder.
   - **A** habt
   - **B** hat
   - **C** haben

5. ... ihr Geschwister?
   - **A** Haben
   - **B** Habt
   - **C** Hat

6. Anna und Tom ... vier Kinder.
   - **A** haben
   - **B** habt
   - **C** hat

7. ... Sie Kinder?
   - **A** Habst
   - **B** Haben
   - **C** Hat

Module 5
GRUNDLAGEN

> **Astuce** Sauf exceptions, les verbes régissant un accusatif en allemand correspondent en français à des verbes régissant un complément d'objet direct comme **haben** *avoir*, **kennen** *connaître*, **treffen** *rencontrer*.
> N.B. Par rapport au nominatif, seul le masculin change de forme à l'accusatif.

Focus — Articles définis/indéfinis et déterminants possessifs à l'accusatif

Complétez avec l'article ou le déterminant décliné comme il convient.

Corrigé page 48

1. Ich habe ... Bruder.
   - **A** ein
   - **B** einen
   - **C** eine

2. Kennst du ... Bruder?
   - **A** mein
   - **B** meine
   - **C** meinen

3. Kennt ihr ... Vater von Tom?
   - **A** die
   - **B** den
   - **C** der

4. Hast du ... Kinder?
   - **A** einen
   - **B** ∅
   - **C** ein

5. Ich habe ... Schwester.
   - **A** einen
   - **B** ∅
   - **C** eine

6. Kennst du ... Freunde?
   - **A** ihr
   - **B** ihren
   - **C** ihre

> **Astuce** Au singulier, le déterminant possessif se décline comme **ein/eine** ; au pluriel, il se décline comme **die** pluriel.

Focus — L'adjectif épithète au nominatif et à l'accusatif

Complétez avec l'adjectif décliné comme il convient. Le cas et le genre ou le nombre des noms sont indiqués entre parenthèses.

1. Das ist meine ... Schwester. *(nom. fém.)*
   - **A** klein
   - **B** kleine
   - **C** kleines

Module 5
GRUNDLAGEN

Corrigé page 48

2. Hast du einen ... Bruder? *(acc. masc.)*
   - **A** großer
   - **B** großem
   - **C** großen

3. Wie alt ist der ... Bruder? *(nom. masc.)*
   - **A** kleiner
   - **B** kleine
   - **C** klein

4. Kennst du seine ... Freunde? *(acc. plur.)*
   - **A** neuen
   - **B** neu
   - **C** neues

5. Wer sind die ... Eltern da? *(nom. plur.)*
   - **A** jungen
   - **B** junge
   - **C** junges

6. Das ist ein ... Baby. *(nom. neut.)*
   - **A** süß
   - **B** süßes
   - **C** süße

Focus Les pronoms interrogatifs : *wer*, *wen*, qui ou *was*, que

Complétez avec le pronom interrogatif qui convient.

1. ... kennst du?
   - **A** Wer
   - **B** Wen
   - **C** Was

2. ... ist Anna?
   - **A** Wer
   - **B** Wen
   - **C** Was

3. ... machst du?
   - **A** Wer
   - **B** Wen
   - **C** Was

4. ... trifft sie?
   - **A** Wer
   - **B** Wen
   - **C** Was

Focus Les réponses avec *ja*, oui, *nein*, non et *doch*, si

Répondez comme il convient à chaque question posée.

1. Ist Lea groß?
   - **A** Doch, sie ist groß.
   - **B** Ja, sie ist groß.

Module 5
GRUNDLAGEN

2. Ist Lea nicht groß?
   - **A** Doch, sie ist groß.
   - **B** Nein, sie ist groß.

3. Ist dein Bruder sportlich ?
   - **A** Nein, er ist nicht sportlich.
   - **B** Doch, er ist nicht sportlich.

4. Ist seine Freundin hübsch?
   - **A** Doch sie ist hübsch.
   - **B** Ja, sie ist hübsch.

Corrigé page 48

Focus   La négation : *kein* ou *nicht*

Répondez aux questions posées par la négative comme il convient.

1. Hast du Geschwister?
   - **A** Nein, ich habe keine Geschwister.
   - **B** Nein, ich habe nicht Geschwister.

2. Ist dein Mann sportlich?
   - **A** Nein, er ist kein sportlich.
   - **B** Nein, er ist nicht sportlich.

3. Kennst du seine Eltern?
   - **A** Nein, ich kenne keine Eltern.
   - **B** Nein, ich kenne seine Eltern nicht.

4. Ist das deine Schwester?
   - **A** Nein, das ist nicht meine Schwester.
   - **B** Nein, das ist keine Schwester.

5. Wohnen deine Eltern in München?
   - **A** Nein, meine Eltern wohnen kein in München.
   - **B** Nein, meine Eltern wohnen nicht in München.

Module 5
GRUNDLAGEN

6. Liebst du mich?

   A Nein, ich liebe dich kein.

   B Nein, ich liebe dich nicht.

Astuce **Nicht** est la négation principale ; **kein** est la négation de l'article indéfini et l'absence d'article. **Kein** se décline comme le déterminant possessif **mein/meine**. Notez au passage que **nicht** se place devant l'adjectif qualificatif, le groupe prépositionnel et l'attribut du sujet, mais derrière le complément d'objet direct ou indirect.

Focus **Pronoms indéfinis** *einen, eine, eins / keinen, keine, keins*
un, une / en... pas

Répondez comme il convient à chaque question posée. Le genre des noms est indiqué entre parenthèses.

1. Habt ihr einen Hund? *(masc. chien)*

   A Ja, wir haben einen.

   B Ja, wir haben eins.

2. Habt ihr eine Katze? *(fém. chat)*

   A Nein, wir haben eine.

   B Nein, wir haben keine.

3. Habt ihr ein Meerschweinchen? *(neut. cochon d'Inde)*

   A Nein, wir haben keins.

   B Nein, wir haben keine.

4. Habt ihr einen Goldfisch? *(masc. poisson rouge)*

   A Ja, wir haben einen.

   B Ja, wir haben eins.

Module 5
WORTSCHATZ

Verbe

| haben | *avoir* |

Noms

der Bruder (¨)	*frère*
die Eltern	*parents*
der Enkel (-)/der Enkelsohn (¨e)	*petit-fils*
die Enkelin (nen)/die Enkeltochter (¨)	*petite-fille*
die Geschwister (plur.)	*frères et sœurs*
der Goldfisch (e)	*poisson rouge*
die Großeltern	*grands-parents*
die Großmutter (¨)	*grand-mère*
der Großvater (¨)	*grand-père*
der Hund (e)	*chien*
die Katze (n)	*chat*
das Meerschweinchen (-)	*cochon d'Inde*
die Mutter (¨)	*mère*
die Schwester (n)	*sœur*
der Sohn (¨e)	*fils*
die Tochter (¨)	*fille*
der Vater (¨)	*père*

Module 5
WORTSCHATZ

Adjectifs

hübsch	*beau/belle/joli/jolie*
groß	*grand/e*
jung	*jeune*
klein	*petit/e*
sportlich	*sportif/ve*
süß	*mignon/ne*

Déclinaison des déterminants possessifs au nominatif et à l'accusatif

nominatif /accusatif (seul le masculin change à l'accusatif)

masculin	féminin	neutre	pluriel
mein/meinen *mon*	meine *ma*	mein *mon/ma*	meine *mes*
dein/deinen *ton*	deine *ta*	dein *ton/ta*	deine *tes*
sein/seinen *son*	seine *sa*	sein *son/sa*	seine *ses* (possesseur masc./neutre)
ihr/ihren *son*	ihre *sa*	ihr *son/sa*	ihre *ses* (possesseur fém.)
unser/unseren *notre*	unsere *notre*	unser *notre*	unsere *nos*
euer/euren *votre*	eure *votre*	euer *votre*	eure *vos*
ihr/ihren *vos*	ihre *vos*	ihr *vos*	ihre *vos* (tutoiement pluriel)
Ihr/Ihren *vos*	Ihre *vos*	Ihr *vos*	Ihre *vos* (vouvoiement)

Module 5
WORTSCHATZ

Déclinaison du groupe nominal défini et indéfini au nominatif

masculin	féminin	neutre	pluriel
der junge Mann	die junge Frau	das junge Mädchen	die jungen Leute
ein junger Mann	eine junge Frau	ein junges Mädchen	Ø junge Leute

Déclinaison du groupe nominal défini et indéfini à l'accusatif

masculin	féminin	neutre	pluriel
den jungen Mann	die junge Frau	das junge Mädchen	die jungen Leute
einen jungen Mann	eine junge Frau	ein junges Mädchen	Ø junge Leute

Pronoms et négations

einen, eine, eins (pronom indéfini accus.)	*un, une*
keinen, keine, keins (pronom indéfini accus.)	*en ... pas*
kein (négation déclinable)	*pas de*
nicht	*ne pas*
was (accusatif)	*que ?*
wen (accusatif)	*qui ?*

Module 5
LÖSUNGEN

Grundlagen

VOTRE SCORE :

PAGE 38
La famille
1 **A** 2 **C** 3 **B** 4 **D** 5 **A** 6 **C** 7 **D** 8 **C** 9 **A** 10 **C**

PAGE 39
Les déterminants possessifs au nominatif
1 **B** 2 **B** 3 **A** 4 **A** 5 **B**

PAGE 39
Les déterminants possessifs : 3ᵉ pers. du sing. au nominatif
1 **A** 2 **C** 3 **A** 4 **B** 5 **B**

PAGE 40
Le présent de l'indicatif du verbe **haben**, *avoir*
1 **B** 2 **C** 3 **A** 4 **C** 5 **B** 6 **A** 7 **B**

PAGE 41
Les articles définis/indéfinis et déterminants possessifs à l'accusatif
1 **B** 2 **C** 3 **B** 4 **B** 5 **C** 6 **C**

PAGE 41
L'adjectif épithète au nominatif et à l'accusatif
1 **B** 2 **C** 3 **B** 4 **A** 5 **A** 6 **B**

PAGE 42
Les pronoms interrogatifs : **wer**, **wen**, *qui* ou **was**, *que*
1 **B** 2 **A** 3 **C** 4 **B**

PAGE 42
Les réponses avec **ja**, *oui*, **nein**, *non* et **doch**, *si*
1 **B** 2 **A** 3 **A** 4 **B**

PAGE 43
La négation : **kein** ou **nicht**
1 **A** 2 **B** 3 **B** 4 **A** 5 **B** 6 **B**

PAGE 44
Pronoms indéfinis **einen**, **eine**, **eins** / **keinen**, **keine**, **keins** *un*, *une* / *en… pas*
1 **A** 2 **B** 3 **A** 4 **A**

Vous avez obtenu entre 0 et 19 ? Revoyez chaque question en prenant un ouvrage de référence du niveau A2, comme *Objectif Langues* (Assimil).

Vous avez obtenu entre 20 et 28 ? C'est encore assez moyen. Revoyez vos erreurs toujours en vous aidant d'un ouvrage de référence.

Vous avez obtenu entre 29 et 42 ? C'est bien. Analysez vos erreurs et si besoin est révisez les points que vous ne maîtrisez pas complètement.

Vous avez obtenu entre 43 et 50 ? C'est très bien. Soyez vigilant aux fautes d'attention.

Vous avez obtenu 51 et plus ? Bravo. Vous pouvez passer au niveau supérieur.

Module 6
GRUNDLAGEN

Focus Compter jusqu'à 9 999

Cochez le nombre en chiffres correspondant à celui donné en toutes lettres.

1. (ein)hundertdreiundzwanzig
   - **A** 132
   - **B** 320
   - **C** 123

2. fünfhundertvierundsechzig
   - **A** 564
   - **B** 546
   - **C** 504

3. neuntausendneunhundertachtundneunzig
   - **A** 9 989
   - **B** 9 998
   - **C** 9 908

4. dreitausenddrei
   - **A** 3 030
   - **B** 3 300
   - **C** 3 003

Focus Les grands nombres

Cochez le nombre en chiffres correspondant à celui donné en toutes lettres.

1. siebzigtausendsiebenhundert
   - **A** 70 700
   - **B** 17 070
   - **C** 7 007

2. zweihunderttausenddreihundert
   - **A** 200 003
   - **B** 203 000
   - **C** 200 300

3. neun Millionen siebenhunderttausend
   - **A** 9 700 000
   - **B** 9 000 700
   - **C** 7 900 000

4. zwei Milliarden dreihundert Millionen siebenhunderttausend
   - **A** 2 300 700 000
   - **B** 230 000 700
   - **C** 2 003 700

Focus L'entreprise

Cochez la bonne traduction en allemand.

Corrigé page 59

1. l'employé
   - **A** der Trainee
   - **B** die Firma
   - **C** der Angestellte

Module 6
GRUNDLAGEN

2. le directeur/gérant
   - **A** der Geschäftsleiter
   - **B** die Firma
   - **C** der Angestellte

3. le stagiaire
   - **A** der Trainee
   - **B** der Schüler
   - **C** der Student

4. le collaborateur
   - **A** der Arbeiter
   - **B** der Mitarbeiter
   - **C** der Trainee

5. le chef de service
   - **A** der Trainee
   - **B** der Abteilungsleiter
   - **C** der Angestellte

6. le service commercial
   - **A** die Vertriebsabteilung
   - **B** die Geschäftsleitung
   - **C** die Informatikabteilung

7. le service du personnel
   - **A** die Marketingabteilung
   - **B** die Informatikabteilung
   - **C** die Personalabteilung

8. la direction
   - **A** die Informatikabteilung
   - **B** die Geschäftsleitung
   - **C** die Vertriebsabteilung

Focus *Viel* ou *viele*, beaucoup (de)

Complétez avec le mot qui convient.

Corrigé page 59

1. Er arbeitet .... Il travaille beaucoup.
   - **A** viel
   - **B** viele

2. Es ist ... C'est beaucoup.
   - **A** viel
   - **B** viele

3. Wir haben ... Arbeit. Nous avons beaucoup de travail.
   - **A** viel
   - **B** viele

Module 6
GRUNDLAGEN

4. Wie ... Angestellte hat die Firma? Combien d'employés compte la société ?

   A viel   **B** viele

5. Wie ... verdienst du? Combien gagnes-tu ?

   A viel   **B** viele

6. Haben sie ... Geld? Ont-ils beaucoup d'argent ?

   A viel   **B** viele

> **Astuce** On emploie **viel** comme adverbe (= *beaucoup*) ainsi que devant un nom au singulier (= *beaucoup de*) et **viele** devant un nom au pluriel (= *beaucoup de*).

Focus Le téléphone

Cochez l'article défini qui convient.

Corrigé page 59

1. ... Anruf (l'appel téléphonique)

   A der   **B** die   **C** das

2. .... Telefonnummer (le numéro de téléphone)

   A der   **B** die   **C** das

3. ... Handy (le portable)

   A der   **B** die   **C** das

4. ... Leitung (la ligne téléphonique)

   A der   **B** die   **C** das

5. ... Telefon (le téléphone)

   A der   **B** die   **C** das

Focus Les pronoms personnels à l'accusatif

Complétez avec le pronom personnel à l'accusatif correspondant à celui indiqué entre parenthèses.

1. Der Personalleiter ruft ... an. *(me)*

   A mich   **B** mir   **C** ihr

Module 6
GRUNDLAGEN

2. Der Personalleiter ruft ... an. *(te)*
   - **A** du
   - **B** dich
   - **C** dir

3. Der Personalleiter ruft ... an. *(le, masc.)*
   - **A** ihm
   - **B** er
   - **C** ihn

4. Der Personalleiter ruft ... an. *(la, fém.)*
   - **A** sie
   - **B** ihr
   - **C** Sie

5. Der Personalleiter sagt ... *(le, neut.)*
   - **A** es
   - **B** er
   - **C** ihn

6. Der Personalleiter ruft ... an. *(nous)*
   - **A** euch
   - **B** uns
   - **C** wir

7. Der Personalleiter ruft ... an. *(vous, tutoiement pluriel)*
   - **A** euch
   - **B** uns
   - **C** ihr

8. Der Personalleiter ruft ... an. *(les)*
   - **A** ihr
   - **B** Sie
   - **C** sie

9. Der Personalleiter ruft ... an. *(vous, vouvoiement)*
   - **A** Sie
   - **B** Ihnen
   - **C** euch

Focus Au téléphone

Cochez la bonne traduction en allemand.

Corrigé page 59

1. Bonjour. Pourrais-je parler à Madame Benz, s'il vous plaît ?
   - **A** Guten Tag. Kann ich mit Herrn Benz sprechen?
   - **B** Guten Tag. Könnte ich bitte Frau Benz was sagen?
   - **C** Guten Tag. Könnte ich bitte mit Frau Benz sprechen?

2. Allo ! Qui est à l'appareil ?
   - **A** Hi! Wo ist das Telefon?
   - **B** Hallo! Wo ist am Apparat?
   - **C** Hallo! Wer ist am Apparat?

Module 6
GRUNDLAGEN

Corrigé page 59

3. À qui voulez-vous parler ?
   - **A** An wen möchten sie schreiben?
   - **B** Mit wem möchten Sie sprechen?
   - **C** Was möchten Sie sagen?

4. Je vous entends mal.
   - **A** Ich höre Sie schlecht.
   - **B** Es gehört mir nicht.
   - **C** Es schmeckt mir nicht.

5. Quel est votre numéro de portable ?
   - **A** Wie lautet Ihre Handynummer?
   - **B** Woher kommt Ihre Handynummer?
   - **C** Was Handynummer haben Sie?

6. Pourriez-vous rappeler un peu plus tard ?
   - **A** Könnten Sie etwas später rufen?
   - **B** Könnten Sie wieder etwas später rufen?
   - **C** Könnten Sie etwas später zurückrufen?

7. La ligne est occupée.
   - **A** Die Leitung ist voll.
   - **B** Die Leitung ist besetzt.
   - **C** Die Leitung ist kaputt.

8. Excusez-moi, je me suis trompé de numéro.
   - **A** Entschuldigen Sie bitte, ich kann Sie kaum verstehen.
   - **B** Entschuldigen Sie bitte, ich weiß es nicht.
   - **C** Entschuldigen Sie bitte, ich habe mich verwählt.

Module 6
GRUNDLAGEN

9. Veuillez parler après le bip sonore, s'il vous plaît.
   - **A** Bitte gehen Sie nach dem Piepton.
   - **B** Bitte sagen Sie was nach dem Piepton.
   - **C** Bitte sprechen Sie nach dem Piepton.

10. Voulez-vous laisser un message ?
    - **A** Möchten Sie etwas sagen?
    - **B** Möchten Sie ein anderes Mal anrufen?
    - **C** Möchten Sie eine Nachricht hinterlassen?

Corrigé page 59

Focus Les prépositions avec accusatif

Complétez avec la préposition correspondant à celle indiquée entre parenthèses.

1. Der Brief ist … den Abteilungsleiter. *(pour)*
   - **A** für
   - **B** durch
   - **C** gegen

2. Die Angestellten sind … die Reform. *(contre)*
   - **A** ohne
   - **B** durch
   - **C** gegen

3. Gehen Sie … den Park. *(litt., aller à travers)*
   - **A** durch
   - **B** für
   - **C** gegen

4. Wir fangen … Sie an. *(sans)*
   - **A** ohne
   - **B** durch
   - **C** um … (herum)*

5. Die Kinder rennen *(courent)* … das Haus …. *(autour de)*
   - **A** gegen … (herum)*
   - **B** durch … (herum)*
   - **C** um… (herum)*

* La préposition peut s'employer avec ou sans **herum**.

Module 6
GRUNDLAGEN

Focus : Première rencontre et visite d'entreprise

Cochez la bonne traduction en allemand.

1. Puis-je vous présenter Tom Schneider, mon nouvel assistant ?

   A Darf ich vorstellen, Tom Schneider, mein neuer Assistent?

   B Kann ich stellen, Tom Schneider, mein neuer Assistent?

2. Je suis ravi de faire votre connaissance.

   A Ich bin glücklich Sie zu kennen.

   B Ich freue mich, Sie kennenzulernen.

3. Enchanté !

   A Angenehm!

   B Zum Glück!

4. C'est ma première visite.

   A Es ist mein bester Freund.

   B Es ist mein erster Besuch.

5. Nous faisons d'abord un tour de l'entreprise.

   A Wir machen zuerst einen Spaziergang.

   B Wir machen zuerst einen Firmenrundgang.

6. La cantine est en bas au rez-de-chaussée.

   A Die Kantine ist oben im Erdgeschoss.

   B Die Kantine ist unten im Erdgeschoss.

7. Le service marketing est en haut au troisième étage.

   A Die Marketingabteilung ist oben im dritten Stock.

   B Die Marketingabteilung ist unten im letzten Stock.

Corrigé page 59

Module 6
WORTSCHATZ

Les nombres de 100 à 9 999

100 (ein)hundert
101 (ein)hunderteins
160 (ein)hundertsechzig

200 zweihundert
203 zweihundertdrei
241 zweihunderteinundvierzig

300 dreihundert
310 dreihundertzehn
366 dreihundertsechsundsechzig

900 neunhundert
908 neunhundertacht
999 neunhundertneunundneunzig

1 000 (ein)tausend
1 010 (ein)tausendzehn
1 230 (ein)tausendzweihundertdreißig

5 000 fünftausend
5 018 fünftausendachtzehn
5 232 fünftausendzweihundertzweiunddreißig

Les grands nombres

10 000 zehntausend

350 000 dreihundertfünfzigtausend

1 000 000 eine Million

40 600 000 vierzig Millionen sechshunderttausend

1 000 000 eine Milliarde

1 400 000 eine Milliarde vierhundert Millionen

Verbes

an/rufen	*appeler*
kennen/lernen	*faire la connaissance de*
hören	*entendre*
hinterlassen (eine Nachricht ~)	*laisser* (un message)
lauten (Nummer, Adresse)	*être* (numéro, adresse)

Module 6
WORTSCHATZ

treffen → er trifft	*rencontrer*
sich verwählen	*se tromper de numéro*
zurück/rufen	*rappeler*

Noms

der Abteilungsleiter (-)/ die Abteilungsleiterin (nen)	*chef/cheffe de service*
der/die Angestellte (n)	*employé/e*
der Anruf (e)	*appel (téléphonique)*
der Apparat (am ~)	*appareil (à l'~)*
der Assistent (en)/ die Assistentin (nen)	*assistant/e*
das Erdgeschoss (¨e) → im Erdgeschoss	*rez de chaussée → au rez-de-chaussée*
die Firma (Firmen)	*société*
die Geschäftsleitung	*direction*
der Geschäftsleiter/ die Geschäftsleiterin (nen)	*directeur/trice, gérant/e*
das Handy (s)	*portable*
die Informatikabteilung (en)	*service informatique*
die Leitung (~ ist besetzt)	*ligne (téléphonique) (~ est occupée)*
die Marketingabteilung (en)	*service marketing*
der Mitarbeiter (-)/ die Mitarbeiterin (nen)	*collaborateur/trice*
die Nachricht (en) → eine Nachricht hinterlassen	*message → laisser un message*
die Personalabteilung (en)	*service du personnel*
der Piepton (¨e)	*signal sonore*
der Stock ou das Stockwerk/ die Stockwerke → im ersten/zweiten ... Stock	*étage → au 1er/2e ... étage*

Module 6
WORTSCHATZ

das Telefon (e)	*téléphone*
der Trainee (s)	*stagiaire*
die Vertriebsabteilung (en)	*service commercial*

Pronoms personnels accusatif

mich	*me*
dich	*te*
ihn/sie/es	*le/la/*(neutre) *le ou la*
uns	*nous*
euch	*vous* (tutoiement pluriel)
sie	*les*
Sie	*vous* (vouvoiement)

Prépositions avec accusatif

durch	*par/à travers*
für	*pour*
gegen	*contre*
ohne	*sans*
um ... (herum)	*autour de*

Adverbes/Adjectifs

links	*à gauche*
oben	*en haut*
rechts	*à droite*
unten	*en bas*
viel	*beaucoup* (adverbe)
viel + nom au singulier/ viele + nom au pluriel	*beaucoup de* (adjectif)

Module 6
LÖSUNGEN

Grundlagen

VOTRE SCORE :

PAGE 49
Compter jusqu'à 9 999
1 C 2 A 3 B 4 C

PAGE 49
Les grands nombres
1 A 2 C 3 A 4 A

PAGE 49
L'entreprise
1 C 2 A 3 A 4 B 5 B 6 A 7 C 8 B

PAGE 50
Viel ou viele, beaucoup (de)
1 A 2 A 3 A 4 B 5 A 6 A

PAGE 51
Le téléphone
1 A 2 B 3 C 4 B 5 C

PAGE 51
Les pronoms personnels à l'accusatif
1 A 2 B 3 C 4 A 5 A 6 B 7 A 8 C 9 A

PAGE 52
Au téléphone
1 C 2 C 3 B 4 A 5 A 6 C 7 B 8 C 9 C 10 C

PAGE 54
Les prépositions avec accusatif
1 A 2 C 3 A 4 A 5 C

PAGE 55
Première rencontre et visite d'entreprise
1 A 2 B 3 A 4 B 5 B 6 B 7 A

Vous avez obtenu entre 0 et 19 ? Revoyez chaque question en prenant un ouvrage de référence du niveau A2, comme *Objectif Langues* (Assimil).

Vous avez obtenu entre 20 et 29 ? C'est encore assez moyen. Revoyez vos erreurs toujours en vous aidant d'un ouvrage de référence.

Vous avez obtenu entre 30 et 43 ? C'est bien. Analysez vos erreurs et si besoin est révisez les points que vous ne maîtrisez pas complètement.

Vous avez obtenu entre 44 et 51 ? C'est très bien. Soyez vigilant aux fautes d'attention.

Vous avez obtenu 52 et plus ? Bravo. Vous pouvez passer au niveau supérieur.

Module 7
GRUNDLAGEN

Focus Les jours de la semaine et les mois

Corrigé page 71

Cochez le nom du jour ou du mois qui manque dans chaque série.

1. Dienstag - ... - Donnerstag
   - **A** Mittwoch
   - **B** März
   - **C** Montag

2. ... - Sonntag - Montag
   - **A** Freitag
   - **B** Mittwoch
   - **C** Samstag

3. Mittwoch - ... - Freitag
   - **A** Donnerstag
   - **B** Dienstag
   - **C** Samstag

4. April - Mai - ...
   - **A** Juli
   - **B** Januar
   - **C** Juni

5. Februar - ... - April
   - **A** Mai
   - **B** März
   - **C** Mittwoch

6. ... - Februar - März
   - **A** Juni
   - **B** Januar
   - **C** Jahre

7. ... - September - Oktober
   - **A** August
   - **B** Austria
   - **C** Aust

Focus Les compléments de temps

Cochez le complément de temps qui manque dans chaque série.

1. ... - heute - morgen
   - **A** gestern
   - **B** morgen
   - **C** vorgestern

2. heute - morgen - ...
   - **A** übermorgen
   - **B** nachmorgen
   - **C** vormorgen

3. ... - gestern - heute
   - **A** vorgestern
   - **B** übermorgen
   - **C** nachgestern

Module 7
GRUNDLAGEN

Focus Les nombres ordinaux

Cochez le nombre ordinal correspondant à celui donné en chiffres.

Corrigé page 71

1. der 5. / der ... *(le 5ᵉ)*
   - **A** fünfste
   - **B** fünzigste
   - **C** fünfte
   - **D** fünfzehnte

2. der 7. / der ... *(le 7ᵉ)*
   - **A** siebenste
   - **B** siebte
   - **C** siebste
   - **D** siebzig

3. der 20. / der ... *(le 20ᵉ)*
   - **A** zwanzigste
   - **B** zweizehnste
   - **C** zwanzigte
   - **D** zwölfte

4. der 13. / der ... *(le 13ᵉ)*
   - **A** dritte
   - **B** dreißigte
   - **C** drittzehnten
   - **D** dreizehnte

5. der 41. / der ... *(le 41ᵉ)*
   - **A** einsundvierzigste
   - **B** einundvierzigste
   - **C** einundvierzehnte
   - **D** vierzehnte

Astuce Pour former les nombres ordinaux, on ajoute **-te** au chiffre/nombre de 1 à 19, et **-ste** partir de 20, sauf : **der erste** *le 1ᵉʳ*, **der dritte** *le 3ᵉ*, **der siebte** *le 7ᵉ* et **der achte** *le 8ᵉ*.

Focus Indiquer la date

Cochez la date en toutes lettres correspondant à celle donnée en chiffres.

1. Wir kommen am 30.07 zurück.
   - **A** am dreißigen Juli
   - **B** am dreißigsten Juli

Module 7
GRUNDLAGEN

2. Ich habe am 25.01 Geburtstag.

   A am fünfundzwanzigsten Januar

   B am zweiundfünfzigsten Januar

3. Was machst du am 15.05?

   A am fünfzigsten Mai

   B am fünfzehnten Mai

4. Wir fahren am 1.10 in Urlaub.

   A am einsten November

   B am ersten November

Corrigé page 71

Focus Demander la date et répondre

Cochez la bonne réponse à chaque question posée en fonction de la date indiquée entre parenthèses et du cas de la question.

1. Der Wievielte ist heute? *(14.07)*

   A Heute ist der vierzehn Juli.

   B Heute, der vierzehnte Juli ist.

   C Heute ist der vierzehnte Juli.

2. Der Wievielte ist heute? *(30.08)*

   A Heute haben wir der dreißigste August.

   B Heute ist der dreißigste August.

   C Heute ist der dreizehnte August.

3. Den Wievielten haben wir heute? *(1.03)*

   A Heute haben wir den ersten März.

   B Heute ist den ersten März.

   C Heute haben wir der erste März.

Module 7
GRUNDLAGEN

4. Den Wievielten haben wir heute? *(29.05)*

   A Wir haben heute der neunundzwanzigste Mai.

   B Heute ist den neunundzwanzigsten Mai.

   C Heute haben wir den neunundzwanzigsten Mai.

Astuce Il y a deux tournures pour demander la date et répondre. À la question **Der Wievielte ist heute?**, on répond par **Heute ist der...** (= nominatif) et à la question **Den Wievielten haben wir heute?**, on répond par **Heute haben wir...** (= accusatif).

Focus Prépositions de temps *am* et *im*, en/Ø

Corrigé page 71

Complétez avec la préposition qui convient.

1. ... Donnerstag
   - **A** am
   - **B** im

2. ... Januar
   - **A** am
   - **B** im

3. ... Mittwoch
   - **A** am
   - **B** im

4. ... Wochenende
   - **A** am
   - **B** im

5. ... März
   - **A** am
   - **B** im

Astuce On emploie **am** pour les jours et **im** pour les mois.

Focus Le présent de l'indicatif du verbe *können*, pouvoir

*Cochez la forme du verbe **können** au présent de l'indicatif qui convient.*

1. Ich ... morgen nicht kommen.
   - **A** könne
   - **B** kanne
   - **C** kann

Module 7
GRUNDLAGEN

2. ... du morgen kommen?
   - **A** Könnst
   - **B** Kann
   - **C** Kannst

3. Er ... auch nicht kommen.
   - **A** könne
   - **B** kann
   - **C** kanne

4. Wir ... ihn am Montag treffen.
   - **A** können
   - **B** kannen
   - **C** kennen

5. ... ihr am Dienstag kommen?
   - **A** Kannt
   - **B** Kennt
   - **C** Könnt

6. Sie/sie ... ihn heute treffen. *(vous de vouvoiement ou ils/elles)*
   - **A** können
   - **B** kannen
   - **C** kennen

Focus — Le conditionnel présent du verbe *können*, pouvoir

Corrigé page 71

*Cochez la forme du verbe **können** au conditionnel présent qui convient.*

1. Ich ... am Vormittag kommen.
   - **A** könne
   - **B** könnte
   - **C** könn

2. ... du heute kommen?
   - **A** Kanntest
   - **B** Kannst
   - **C** Könntest

3. ... er am Mittwoch kommen?
   - **A** Kannt
   - **B** Kannte
   - **C** Könnte

4. Wir ... einen Termin vereinbaren.
   - **A** kannen
   - **B** könnten
   - **C** können

5. ... ihr einen Termin vereinbaren?
   - **A** Kanntet
   - **B** Kannt
   - **C** Könntet

6. Sie/sie ... morgen kommen. *(vous de vouvoiement ou ils/elles)*
   - **A** kannten
   - **B** könnten
   - **C** kannen

Module 7
GRUNDLAGEN

Focus — Le conditionnel présent du verbe *mögen*, vouloir

*Cochez la forme du verbe **mögen** au conditionnel présent qui convient.*

1. Ich … einen Termin vereinbaren.
   - **A** mage
   - **B** möge
   - **C** möchte

2. Du … einen Termin vereinbaren.
   - **A** magst
   - **B** mögst
   - **C** möchtest

3. Er … einen Termin vereinbaren.
   - **A** mag
   - **B** möchte
   - **C** mochte

4. Wir … einen Termin vereinbaren.
   - **A** magen
   - **B** mögen
   - **C** möchten

5. Ihr … einen Termin vereinbaren.
   - **A** möchtet
   - **B** magt
   - **C** mögt

6. Sie/sie … einen Termin vereinbaren. *(vous de vouvoiement ou ils/elles)*
   - **A** möchten
   - **B** magen
   - **C** mögen

Focus — Prendre rendez-vous

Corrigé page 71

Cochez la bonne traduction en allemand.

1. Vous avez rendez-vous ?
   - **A** Haben Sie einen Termin?
   - **B** Haben Sie eine Einladung?
   - **C** Treffen Sie ihn?

2. Le mieux est que nous prenions tout de suite rendez-vous.
   - **A** Wir nehmen eine bessere Einladung.
   - **B** Am besten machen wir sofort einen Termin.
   - **C** Gut, wir nehmen einen Termin.

3. Avez-vous le temps demain ?
   - **A** Haben Sie morgen Zeit?
   - **B** Haben Sie morgen das Wetter?
   - **C** Haben Sie die Uhrzeit morgen?

Module 7
GRUNDLAGEN

Corrigé page 71

4. Demain, je ne peux pas malheureusement.
   - A Ich kann morgen kein Glück.
   - B Ich kann morgen unglücklich kein.
   - C Ich kann morgen leider nicht.

5. Elle a rendez-vous chez le médecin.
   - A Sie trifft sich morgen mit dem Arzt.
   - B Sie hat eine Einladung vom Arzt.
   - C Sie hat einen Termin beim Arzt.

6. Pouvons-nous repousser notre rendez-vous ?
   - A Können wir die Einladung schieben?
   - B Können wir uns später sehen?
   - C Können wir unseren Termin verschieben?

Focus Souhaiter un joyeux anniversaire, Noël, etc.

Cochez la bonne traduction en allemand.

1. Joyeux anniversaire !
   - A Alles Gute zum Geburtstag!
   - B Alles Schöne zum Geburtag!
   - C Fröhlicher Geburtstag!

2. Joyeux anniversaire !
   - A Fröhlichen Geburtstag!
   - B Herzlichen Glückwunsch zum Geborentag!
   - C Herzlichen Glückwunsch zum Geburtstag!

3. Nous te souhaitons un joyeux anniversaire !
   - A Wir wünschen dir sehr herzlich zum Geburtag.
   - B Wir gratulieren dir ganz herzlich zum Geburtstag.
   - C Wir gratulieren dir lieb für den Geborentag.

Module 7
GRUNDLAGEN

4. Joyeux Noël !

   A (Wir wünschen euch) Frohe Weihnachten.

   B (Wir gratulieren euch) Schöne Weihnacht.

   C (Wir wünschen euch) Glückliche Vainachten.

5. Bonne année ! *(avant le début de l'année)*

   A Guten Rutsch ins Neujahr!

   B Guten Eingang ins neue Jahr!

   C Guten Rutsch ins neue Jahr!

6. Bonne année ! *(début janvier)*

   A Frohes neues Jahr!

   B Guten Eingang ins neue Jahr!

   C Glückliches Neujahr!

7. Joyeuses Pâques !

   A Fröhliche Ostereier!

   B Frohe Ostern!

   C Frohe Ohßtern!

Corrigé page 71

Module 7
WORTSCHATZ

Verbes

gratulieren	*féliciter*
können	*pouvoir/savoir/être capable de*
mögen → möcht-	*(bien) aimer*
vereinbaren (einen Termin ~)	*convenir de (~ un rendez-vous)*
verschieben (einen Termin ~)	*repousser (~ un rendez-vous)*
wünschen	*souhaiter*

Noms

der Termin (e)	*rendez-vous*
die Zeit (sing.)	*temps (horaire)*
Neujahr (généralement employé au sing.)	*Nouvel An*
Ostern (généralement employé au sing.)	*Pâques*
Weihnachten (généralement employé au sing.)	*Noël*

Compléments de temps

vorgestern	*avant-hier*
gestern	*hier*
heute	*aujourd'hui*
morgen	*demain*
übermorgen	*après-demain*

Jours de la semaine

Montag	*lundi*
Dienstag	*mardi*

Module 7
WORTSCHATZ

Mittwoch	*mercredi*
Donnerstag	*jeudi*
Freitag	*vendredi*
Samstag	*samedi*
Sonntag	*dimanche*

Mois de l'année

Januar	*janvier*
Februar	*février*
März	*mars*
April	*avril*
Mai	*mai*
Juni	*juin*
Juli	*juillet*
August	*août*
September	*septembre*
Oktober	*octobre*
November	*novembre*
Dezember	*décembre*

Nombres ordinaux

1. / der erste / am ersten	*1er / le premier*
2. / der zweite / am zweiten	*2e / le deuxième*
3. / der dritte / am dritten	*3e / le troisième*
4. / der vierte / am vierten	*4e / le quatrième*
7. / der siebte / am siebten	*7e / le septième*

Module 7
WORTSCHATZ

8. / der achte / am achten	*8ᵉ / le huitième*
19. / der neunzehnte / am neunzehnten	*19ᵉ / le dix-neuvième*
20. / der zwanzigste / am zwanzigsten	*20ᵉ / le vingtième*
25. / der fünfundzwanzigste / am fünfundzwanzigsten	*25ᵉ / le vingt-cinquième*
30. / der dreißigste / am dreißigsten	*30ᵉ / le trentième*

Prépositions

am (~ Montag ...)	- (~ lundi ...)
im (~ Januar ...)	*en (~ janvier...)*

Module 7
LÖSUNGEN

Grundlagen

PAGE 60 - Les jours de la semaine et les mois
1 **A** 2 **C** 3 **A** 4 **C** 5 **B** 6 **B** 7 **A**

PAGE 60 - Compléments de temps
1 **A** 2 **A** 3 **A**

PAGE 61 - Les nombres ordinaux
1 **C** 2 **B** 3 **A** 4 **D** 5 **B**

PAGE 61 - Indiquer la date
1 **B** 2 **A** 3 **B** 4 **B**

PAGE 62 - Demander la date et répondre
1 **C** 2 **B** 3 **A** 4 **C**

PAGE 63 - Les prépositions de temps **am** et **in**, **en** / Ø
1 **A** 2 **B** 3 **A** 4 **A** 5 **B**

PAGE 63 - Le présent de l'indicatif du verbe **können**, *pouvoir*
1 **C** 2 **C** 3 **B** 4 **A** 5 **C** 6 **A**

PAGE 64 - Le conditionnel présent du verbe **können**, *pouvoir*
1 **B** 2 **C** 3 **C** 4 **B** 5 **C** 6 **B**

PAGE 65 - Le conditionnel présent du verbe **mögen**, *vouloir*
1 **C** 2 **C** 3 **B** 4 **C** 5 **A** 6 **A**

PAGE 65 - Prendre un rendez-vous
1 **A** 2 **B** 3 **A** 4 **C** 5 **C** 6 **C**

PAGE 66 - Souhaiter un joyeux anniversaire, Noël, etc.
1 **A** 2 **C** 3 **B** 4 **A** 5 **C** 6 **A** 7 **B**

Vous avez obtenu entre 0 et 19 ? Revoyez chaque question en prenant un ouvrage de référence du niveau A2, comme *Objectif Langues* (Assimil).

Vous avez obtenu entre 20 et 29 ? C'est encore assez moyen. Revoyez vos erreurs toujours en vous aidant d'un ouvrage de référence.

Vous avez obtenu entre 30 et 44 ? C'est bien. Analysez vos erreurs et si besoin est révisez les points que vous ne maîtrisez pas complètement.

Vous avez obtenu entre 45 et 53 ? C'est très bien. Soyez vigilant aux fautes d'attention.

Vous avez obtenu 54 et plus ? Bravo. Vous pouvez passer au niveau supérieur.

Module 8
GRUNDLAGEN

Focus L'heure

Cochez la phrase correspondant à l'heure donnée.

Corrigé page 83

1. 8.00
   - Ⓐ Es ist acht Stunden.
   - Ⓑ Es ist acht.

2. 8.05
   - Ⓐ Es ist acht nach fünf.
   - Ⓑ Es ist fünf nach acht.

3. 7.10
   - Ⓐ Es ist zehn vor sieben.
   - Ⓑ Es ist zehn nach sieben.

4. 7.15
   - Ⓐ Es ist sieben und Viertel.
   - Ⓑ Es ist Viertel nach sieben.

5. 7.20
   - Ⓐ Es ist zwanzig vor sieben.
   - Ⓑ Es ist zwanzig nach sieben.

6. 7.25
   - Ⓐ Es ist sieben fünfundzwanzig.
   - Ⓑ Es ist fünf vor halb acht.

7. 7.30
   - Ⓐ Es ist halb sieben.
   - Ⓑ Es ist halb acht.

8. 7.35
   - Ⓐ Es ist fünf nach halb acht.
   - Ⓑ Es ist halb acht minus fünf.

Module 8
GRUNDLAGEN

9. 7.40

   A Es ist acht minus zwanzig.

   B Es ist zwanzig vor acht.

10. 7.45

    A Es ist Viertel vor acht.

    B Es ist Viertel vor sieben.

Focus Les horaires officiels

*Cochez les horaires de départ **(Abfahrt)** et d'arrivée **(Ankunft)** en toutes lettres correspondant à ceux donnés en chiffres.*

1. Abfahrt 17.32 Uhr

   A siebzehn Stunden dreiundzwanzig Minuten

   B siebzehn Uhr zweiunddreißig

   C halb sechs und drei Minuten

2. Ankunft 00.10 Uhr

   A nichts Uhr zehn

   B Uhr zehn

   C null Uhr zehn

3. Abfahrt 19.30 Uhr

   A halb Uhr neunzehn

   B neunzehn Uhr halb

   C neunzehn Uhr dreißig

4. Ankunft 5.15 Uhr

   A fünf Uhr Viertel

   B fünf Uhr fünfzehn

   C fünfzehn nach fünf Uhr

Module 8
GRUNDLAGEN

Focus **Questions/réponses autour de l'heure**

Cochez la bonne traduction en allemand. Il peut y avoir plusieurs réponses possibles.

1. Quelle heure est-il ?

    A Wie spät ist es?

    B Wie viel Uhr ist es?

    C Welche Uhr ist es?

Corrigé page 83

2. À quelle heure arrivez-vous ?

    A Um wie viel Uhr kommt ihr an?

    B An welche Uhr kommt ihr an?

    C Um wie spät kommt ihr an?

3. Nous mangeons à une heure.

    A Wir essen am ein Uhr.

    B Wir essen bis ein Uhr.

    C Wir essen um ein Uhr.

4. Jusqu'à quelle heure travailles-tu ?

    A An wie viel Uhr arbeitest du?

    B Um wie viel Uhr arbeitest du?

    C Bis wie viel Uhr arbeitest du?

5. Je travaille de 2 (heures) à 7 (heures).

    A Ich arbeite von zwei (Uhr) bis sieben (Uhr).

    B Ich arbeite ab zwei (Uhr) bis sieben (Uhr).

    C Ich arbeite zwischen zwei (Uhr) und sieben (Uhr).

6. Il est tard.

    A Es ist früh.

    B Es ist spät.

    C Es ist pünktlich.

Module 8
GRUNDLAGEN

7. Il est trop tôt.
   - **A** Es ist sehr früh.
   - **B** Es ist viel spät.
   - **C** Es ist zu früh.

Focus — Les moments de la journée

Complétez avec la préposition et l'article qui conviennent.

Corrigé page 83

1. Was machst du ... Morgen ?
   - **A** an der
   - **B** am
   - **C** in der

2. Was machst du ... Vormittag?
   - **A** in das
   - **B** in der
   - **C** am

3. Was machst du ... Mittag?
   - **A** an die
   - **B** in die
   - **C** am

4. Was machst du ... Nachmittag?
   - **A** am
   - **B** an das
   - **C** an den

5. Was machst du ... Abend?
   - **A** in der
   - **B** an der
   - **C** am

6. Was machst du ... Nacht ?
   - **A** in der
   - **B** an die
   - **C** in die

Astuce Notez que **am** est la contraction de **an** + dem.

Cochez la bonne traduction en allemand.

1. ce matin
   - **A** gestern Morgen
   - **B** heute Morgen
   - **C** diesen Morgen
   - **D** Morgen

Module 8
GRUNDLAGEN

Corrigé page 83

2. cet après-midi
   - A nach diesem Mittag
   - B diesen Nachmittag
   - C heute Nachmittag
   - D Nachmittag

3. hier soir
   - A gestern Abend
   - B spät gestern
   - C vor dem Abend
   - D der Abend gestern

4. hier midi
   - A diesen Vormittag
   - B Vormittag
   - C gestern Vormittag
   - D gestern Mittag

5. demain soir
   - A nach dem Abend
   - B morgen Abend
   - C am Abend davor
   - D gestern Nacht

6. demain dans la matinée
   - A nach dem Vormittag
   - B morgen vor Mittag
   - C morgen Vormittag
   - D morgen früh

7. demain matin
   - A morgen früh
   - B morgen morgen
   - C vor Morgen
   - D morgen zum Frühstück

8. dimanche matin
   - A Sonntagmorgen
   - B Sonntagvormittag
   - C Samstagmorgen
   - D Samstagmittag

9. vendredi midi
   - A Freitagvormittag
   - B Donnerstagmittag
   - C Mittwochnachmittag
   - D Freitagmittag

Module 8
GRUNDLAGEN

Focus — L'impératif du verbe *sein*, être

*Complétez avec la forme du verbe **sein** à l'impératif qui convient.*

1. ... pünktlich! (Sois ponctuel !)
   - **A** Bist
   - **B** Sind
   - **C** Sei

2. ... pünktlich! (Soyez ponctuels ! – tutoiement pluriel)
   - **A** Seid
   - **B** Seid ihr
   - **C** Seien Sie

3. ... pünktlich! (Soyez ponctuels ! – vouvoiement)
   - **A** Sind Sie
   - **B** Seien Sie
   - **C** Seid Sie

Focus — L'impératif des verbes réguliers

Cochez la bonne traduction en allemand

Corrigé page 83

1. Viens vite !
   - **A** Komm schnell!
   - **B** Kommst schnell!

2. Venez vite ! *(tutoiement pluriel)*
   - **A** Kommen schnell!
   - **B** Kommt schnell!

3. Ne dites rien ! *(vouvoiement)*
   - **A** Sagen Sie nichts!
   - **B** Sagen nichts!

4. Travaille bien !
   - **A** Arbeit gut!
   - **B** Arbeite gut!

5. Attendez un instant ! *(tutoiement pluriel)*
   - **A** Wart kurz mal!
   - **B** Wartet kurz mal!

6. Travaillez bien ! *(vouvoiement)*
   - **A** Arbeiten Sie gut!
   - **B** Arbeiten gut!

Module 8
GRUNDLAGEN

Focus L'impératif des verbes avec changement de voyelle au présent

Cochez la bonne traduction en allemand.

1. Roule moins vite ! *(litt. plus lentement)*
   - **A** Fahr langsamer!
   - **B** Fähr langsamer!

2. Roulez moins vite ! *(tutoiement pluriel)*
   - **A** Fährt langsamer!
   - **B** Fahrt langsamer!

3. Laissez-le tranquille ! *(vouvoiement)*
   - **A** Lassen Sie ihn in Ruhe!
   - **B** Lässen Sie ihn in Ruhe!

4. Lis le livre !
   - **A** Les das Buch!
   - **B** Lies das Buch!

5. Lisez le livre ! *(tutoiement pluriel)*
   - **A** Liest das Buch!
   - **B** Lest das Buch!

6. Lisez le livre ! *(vouvoiement)*
   - **A** Liesen Sie das Buch!
   - **B** Lesen Sie das Buch!

Focus Le présent de l'indicatif des verbes à particule séparable

Cochez la phrase où la particule du verbe est bien placée.

1. aufstehen *(se lever)*
   - **A** Ich aufstehe um Viertel vor sieben.
   - **B** Ich stehe auf um Viertel vor sieben.
   - **C** Ich stehe um Viertel vor sieben auf.

Corrigé page 83

2. aufstehen
   - **A** Um wie viel Uhr stehst auf du?
   - **B** Um wie viel Uhr stehst du auf ?
   - **C** Um wie viel Uhr auf du stehst?

Module 8
GRUNDLAGEN

3. vorbereiten *(préparer)*
   - **A** Wir bereiten das Abendessen vor.
   - **B** Wir vor das Abendessen bereiten.
   - **C** Wir vorbereiten das Abendessen.

4. vorbereiten
   - **A** Wer vorbereitet das Abendessen?
   - **B** Wer bereitet vor das Abendessen?
   - **C** Wer bereitet das Abendessen vor?

Focus — L'impératif des verbes à particule séparable

Corrigé page 83

Cochez la bonne traduction en allemand.

1. Lève-toi !
   - **A** Stehst auf!
   - **B** Steh auf!

2. Levez-vous ! *(tutoiement pluriel)*
   - **A** Steht auf!
   - **B** Aufsteht!

3. Levez-vous ! *(vouvoiement)*
   - **A** Aufstehen Sie!
   - **B** Stehen Sie auf!

4. Prépare le repas !
   - **A** Vorbereite das Essen!
   - **B** Bereite das Essen vor!

5. Préparez le repas ! *(tutoiement pluriel)*
   - **A** Bereit vor das Essen!
   - **B** Bereitet das Essen vor!

6. Préparez le repas ! *(vouvoiement)*
   - **A** Bereiten Sie vor das Essen!
   - **B** Bereiten Sie das Essen vor!

Module 8
WORTSCHATZ

Focus La conjonction de coordination *denn*, car

Cochez la traduction en allemand où l'ordre des prépositions est correct.

1. Je vais me coucher tôt car je suis fatiguée.

    A Ich bin müde, denn ich gehe früh ins Bett

    B Ich gehe früh ins Bett, denn ich bin müde.

2. Nous dînons tôt ce soir, car nous avons faim.

    A Wir essen heute früh zu Abend, denn wir haben Hunger.

    B Wir haben Hunger, denn wir essen heute früh zu Abend.

3. Je me lève tôt car je dois travailler.

    A Ich stehe früh auf, denn ich muss arbeiten.

    B Ich muss arbeiten, denn ich stehe früh auf.

4. Je vais me coucher car il est tard.

    A Es ist spät, denn ich gehe ins Bett.

    B Ich gehe ins Bett, denn es ist spät.

Corrigé page 83

Verbes

auf/stehen	*se lever*
zu Abend essen	*dîner*
ins Bett gehen	*aller au lit*
Hunger haben	*avoir faim*
lassen → er lässt	*laisser*
das Essen vor/bereiten	*préparer à manger*
warten	*attendre*

Module 8
WORTSCHATZ

Noms

der Morgen (-)	*matin*
der Vormittag (e)	*matinée*
der Mittag (e)	*midi*
der Nachmittag (e)	*après-midi*
der Abend (e)	*soir*
die Nacht (¨e)	*nuit*
die Stunde (n)	*heure (60 min.)*
die Uhr (en)	*montre*
1/2/3... Uhr	*1/2/3... heures*
die Abfahrt (en)	*départ*
die Ankunft (¨e)	*arrivée*

Heures

03:00 / drei	*3 h / trois heures*
03:05 / fünf nach drei	*3 h 05 / trois heures cinq*
03:10 / zehn nach drei	*3 h 10 / trois heures dix*
03:15 / Viertel nach drei	*3 h 15 / trois heures et quart*
03:20 / zwanzig nach drei	*3 h 20 / trois heures vingt*
03:25 / fünf vor halb vier	*3 h 25 / trois heures vingt-cinq*
03:30 / halb vier	*3 h 30 / trois heures et demie*
03:35 / fünf nach halb vier	*3 h 35 / quatre heures moins vingt-cinq*
03:40 / zwanzig vor vier	*3 h 40 / quatre heures moins vingt*
03:45 / Viertel vor vier	*3 h 45 / quatre heures moins le quart*
03:50 / zehn vor vier	*3 h 50 / quatre heures moins dix*
03:55 / fünf vor vier	*3 h 55 / quatre heures moins cinq*

Module 8
WORTSCHATZ

Tournures autour de l'heure

Wie viel Uhr ist es?	*Quelle heure est-il ?*
Wie spät ist es?	*Quelle heure est-il ?*

Adjectifs

früh	*tôt*
müde	*fatigué*
pünktlich	*ponctuel*
spät	*tard*

Compléments de temps

gestern Morgen, gestern Mittag…	*hier matin, hier midi…*
heute Nachmittag, heute Abend…	*cet après-midi, ce soir…*
morgen Mittag, morgen Nachmittag…	*demain midi, demain après-midi…*
Attention : morgen früh	*demain matin*
Freitagmorgen, Freitagmittag…	*vendredi matin, vendredi midi…*
Sonntagmorgen, Sonntagabend…	*dimanche matin, dimanche soir…*

Prépositions de temps

am (an dem) + moment de la journée ➜ am Morgen	*le matin*
Attention : in der Nacht	*la nuit*

Conjonction de coordination

denn	*car*

Module 8
LÖSUNGEN

Grundlagen

VOTRE SCORE :

PAGE 72 - L'heure
1 **B** 2 **B** 3 **B** 4 **B** 5 **B** 6 **B** 7 **B** 8 **A** 9 **B** 10 **A**

PAGE 73 - Les horaires officiels
1 **B** 2 **C** 3 **C** 4 **B**

PAGE 74 - Questions/réponses autour de l'heure
1 **A/B** 2 **A** 3 **C** 4 **C** 5 **A** 6 **B** 7 **C**

PAGE 75 - Les moments de la journée
1 **B** 2 **C** 3 **C** 4 **A** 5 **C** 6 **A**
1 **B** 2 **C** 3 **A** 4 **D** 5 **B** 6 **C** 7 **A** 8 **A** 9 **D**

PAGE 77 - L'impératif du verbe **sein**, *être*
1 **C** 2 **A** 3 **B**

PAGE 77 - L'impératif des verbes réguliers
1 **A** 2 **B** 3 **A** 4 **B** 5 **B** 6 **A**

PAGE 78 - L'impératif des verbes avec changement de voyelle au présent
1 **A** 2 **B** 3 **A** 4 **B** 5 **B** 6 **A**

PAGE 78 - Le présent de l'indicatif des verbes à particule séparable
1 **C** 2 **B** 3 **A** 4 **C**

PAGE 79 - L'impératif des verbes à particule séparable
1 **B** 2 **A** 3 **B** 4 **B** 5 **B** 6 **B**

PAGE 80 - La conjonction de coordination **denn**, *car*
1 **B** 2 **A** 3 **A** 4 **B**

Vous avez obtenu entre 0 et 21 ? Revoyez chaque question en prenant un ouvrage de référence du niveau A2, comme *Objectif Langues* (Assimil).
Vous avez obtenu entre 22 et 32 ? C'est encore assez moyen. Revoyez vos erreurs toujours en vous aidant d'un ouvrage de référence.
Vous avez obtenu entre 33 et 49 ? C'est bien. Analysez vos erreurs et si besoin est révisez les points que vous ne maîtrisez pas complètement.
Vous avez obtenu entre 50 et 58 ? C'est très bien. Soyez vigilant aux fautes d'attention.
Vous avez obtenu 59 et plus ? Bravo. Vous pouvez passer au niveau supérieur.

Module 9
GRUNDLAGEN

Focus Les pièces de la maison

Cochez la réponse la plus adaptée/probable.

Corrigé page 94

1. Wo schläft man?
   - **A** Im Wohnzimmer.
   - **B** Im Schlafzimmer.
   - **C** Im Esszimmer.
   - **D** Im Badezimmer.

2. Wo badet/duscht man?
   - **A** Im Badezimmer.
   - **B** Im Garten.
   - **C** Auf dem Dachboden.
   - **D** Auf der Toilette.

3. Wo kocht man?
   - **A** Im Wohnzimmer.
   - **B** Im Schlafzimmer.
   - **C** In der Küche.
   - **D** Im Badezimmer.

4. Wo sieht man fern?
   - **A** Im Wohnzimmer.
   - **B** In der Küche.
   - **C** Im Esszimmer.
   - **D** Im Badezimmer.

5. Wo isst man?
   - **A** Im Keller.
   - **B** Auf dem Dachboden.
   - **C** Im Esszimmer.
   - **D** Im Badezimmer.

Focus Les meubles et autres objets

Cochez les 2 meubles et objets correspondant aux pièces indiquées.

1. im Badezimmer
   - **A** das Waschbecken
   - **B** die Badewanne
   - **C** das Bett
   - **D** der Nachttisch

2. im Schlafzimmer
   - **A** die Badewanne
   - **B** das Sofa
   - **C** das Bett
   - **D** der Kleiderschrank

Module 9
GRUNDLAGEN

3. im Wohnzimmer
   - **A** das Sofa
   - **B** die Toilette
   - **C** der Sessel
   - **D** das Bett

4. in der Küche
   - **A** das Sofa
   - **B** der Backofen
   - **C** der Kühlschrank
   - **D** der Schreibtisch

5. im Esszimmer
   - **A** die Stühle
   - **B** das Klavier
   - **C** der Esstisch
   - **D** der Kühlschrank

Focus *Der*, *die* ou *das* ?

Complétez avec l'article défini qui convient.

Corrigé page 94

1. ... Zimmer, Schlafzimmer, Badezimmer, etc. *(chambre)*
   - **A** der
   - **B** die
   - **C** das

2. ... Keller *(cave)*
   - **A** der
   - **B** die
   - **C** das

3. ... Garage *(garage)*
   - **A** der
   - **B** die
   - **C** das

4. ... Küche *(cuisine)*
   - **A** der
   - **B** die
   - **C** das

5. ... Garten *(jardin)*
   - **A** der
   - **B** die
   - **C** das

6. ... Dachboden *(grenier)*
   - **A** der
   - **B** die
   - **C** das

7. ... Tür *(porte)*
   - **A** der
   - **B** die
   - **C** das

> **Module 9**
> GRUNDLAGEN

8. ... Dach *(toit)*
   - **A** der
   - **B** die
   - **C** das

9. ... Fenster *(fenêtre)*
   - **A** der
   - **B** die
   - **C** das

Focus — Les pronoms personnels au datif

Complétez avec le pronom personnel au datif qui convient.

Corrigé page 94

1. Das Zimmer gefällt ... *(me/à moi)*
   - **A** ich
   - **B** mich
   - **C** mir

2. Die Stühle gefallen... *(te/à toi)*
   - **A** dir
   - **B** dich
   - **C** euch

3. Der Garten gefällt ... *(lui/à lui)*
   - **A** ihm
   - **B** ihr
   - **C** ihnen

4. Das Zimmer gefällt ... *(lui/à elle)*
   - **A** ihn
   - **B** ihr
   - **C** Ihnen

5. Die Wohnung gefällt ... *(lui/neutre)*
   - **A** ihr
   - **B** es
   - **C** ihm

6. Das Zimmer gefällt ... *(nous/à nous)*
   - **A** euch
   - **B** uns
   - **C** ihnen

7. Der Garten gefällt ... *(vous/à vous, tutoiement pluriel)*
   - **A** ihnen
   - **B** dir
   - **C** euch

8. Der Tisch gefällt ... *(leur/à eux, elles)*
   - **A** ihnen
   - **B** sie
   - **C** Sie

9. Das Zimmer gefällt ... *(vous/à vous, vouvoiement)*
   - **A** ihr
   - **B** Ihnen
   - **C** ihnen

Module 9
GRUNDLAGEN

Focus Le groupe nominal défini et indéfini au datif

Complétez avec le groupe nominal au datif qui convient.

Corrigé page 94

1. der junge Mann *(masc.)* → Die Wohnung gefällt …
   - **A** dem jungen Mann
   - **B** der jungen Mann

2. ein junger Mann *(masc.)* → Die Wohnung gehört …
   - **A** einem jungen Mann
   - **B** einen jungem Mann

3. die junge Frau *(fém.)* → Die Wohnung gefällt …
   - **A** die jungen Frau
   - **B** der jungen Frau

4. eine junge Frau *(fém.)* → Die Wohnung gehört …
   - **A** einer jungen Frau
   - **B** einem jungen Frau

5. das junge Paar *(neut.)* → Die Wonung gefällt …
   - **A** dem jungen Paar
   - **B** der jungen Paar

6. ein junges Paar *(neut.)* → Das Zimmer gehört …
   - **A** einer jungen Paar
   - **B** einem jungen Paar

7. die jungen Studenten *(plur.)* → Die Wonung gefällt …
   - **A** dem jungen Studenten
   - **B** den jungen Studenten

8. junge Studenten *(plur.)* → Das Zimmer gehört …
   - **A** junger Sudenten
   - **B** jungen Studenten

Astuce La grande majorité des verbes régissant un datif en allemand correspondent en français à des verbes régissant un complément d'objet indirect comme **gefallen** *plaire à* ou **gehören** *appartenir à*. Notez aussi que l'adjectif épithète prend systématiquement la marque **-en** au datif.

Module 9
GRUNDLAGEN

Focus L'adjectif épithète au nominatif et à l'accusatif

Complétez avec l'adjectif décliné comme il convient. Le cas et le genre ou le nombre des noms sont indiqués entre parenthèses.

1. Das ist ein ... Garten. *(nom. masc.)*
   - **A** großen
   - **B** großer
   - **C** groß

2. Das sind die ... Stühle. *(nom. plur.)*
   - **A** neuen
   - **B** neue
   - **C** neue

3. Wir haben einen ... Garten. *(acc. masc.)*
   - **A** kleinem
   - **B** kleiner
   - **C** kleinen

4. Das ... Haus ist sehr schön. *(nom. neut.)*
   - **A** neue
   - **B** neues
   - **C** neuen

5. Er hat eine ... Wohnung im Zentrum. *(acc. fém.)*
   - **A** kleinem
   - **B** kleiner
   - **C** kleine

6. Wir haben ... Möbel gekauft. *(acc. plur.)*
   - **A** neue
   - **B** neuen
   - **C** neues

Focus Les prépositions avec le datif

Complétez avec la bonne préposition au datif.

Corrigé page 94

1. Wohnung ... 3 Schlafzimmern *(avec)*
   - **A** aus
   - **B** mit
   - **C** aus

2. Was machst du ... der Arbeit? *(après)*
   - **A** bei
   - **B** nach
   - **C** seit

3. Er ist ... einer Woche in Berlin. *(depuis)*
   - **A** aus
   - **B** seit
   - **C** nach

4. Er geht jeden Morgen um 7... dem Haus. *(de, sortie)*
   - **A** aus
   - **B** von
   - **C** nach

Module 9
GRUNDLAGEN

5. Er kommt gerade ... Zahnarzt *(de, origine/provenance)*

   A beim (= bei dem)   **B** vom (= von dem)   **C** nach

Focus *Nach Hause* ou *zu Hause* ?

Complétez comme il convient.

1. Ich gehe ...

   A nach Hause   **B** zu Hause

2. Ich bleibe ...

   A nach Hause   **B** zu Hause

3. Ich schlafe ...

   A nach Hause   **B** zu Hause

4. Wann fahrt ihr ...?

   A nach Hause   **B** zu Hause

Focus Le logement

Complétez avec le mot qui convient.

Corrigé page 94

1. Die Miete ist zu ... Le loyer est trop cher.

   A teuer   **B** billig

2. Die Straße ist ... La rue est bruyante.

   A ruhig   **B** laut

3. Die Dusche ... La douche goutte.

   A klopft   **B** tropft

4. Das Zimmer ist sehr ... La chambre est très sombre.

   A dunkel   **B** hell

5. Der Aufzug ist ... L'ascenceur est cassé.

   A kaputt   **B** unten

Module 9
GRUNDLAGEN

Cochez la bonne traduction en allemand.

Corrigé page 94

1. Combien coûte le loyer ?
   - **A** Wie groß ist die Miete?
   - **B** Wie hoch ist die Vermietung?
   - **C** Wie hoch ist die Miete?

2. 500 euros charges comprises.
   - **A** Ungefähr 500 Euro.
   - **B** 500 Euro warm.
   - **C** 500 Euro kalt.

3. Combien fait (mesure) la chambre ?
   - **A** Wie groß ist das Zimmer?
   - **B** Wie viel macht das Zimmer?
   - **C** Wie alt ist das Zimmer?

4. 22 mètres carrés.
   - **A** 22 Meterquadrat.
   - **B** 22 Meterrechts.
   - **C** 22 Quadratmeter.

5. Où est situé l'appartement ?
   - **A** Wo steht die Wohnung?
   - **B** Wo liegt die Wohnung?
   - **C** Wo gibt es die Wohnung?

6. Dans le centre de Munich.
   - **A** In der Mitte von München.
   - **B** Im Zentrum von München.
   - **C** In der Hälfte von München.

Module 9
WORTSCHATZ

7. Dans la banlieue de Munich.
   - **A** Im Ort von München.
   - **B** Im Vorort von München.
   - **C** Weit von München.

Verbes

gefallen	*plaire à*
gehören	*appartenir à*
kaufen	*acheter*
klopfen	*frapper*
liegen (im Zentrum/im Vorort ~)	*être situé (~ au centre / en banlieue)*
tropfen	*goutter*

Noms

der Aufzug (¨e)	*ascenceur*
der Backofen (¨)	*four*
das Badezimmer (-)	*salle de bains*
die Badewanne (n)	*baignoire*
das Bett (en)	*lit*
das Dach (¨er)	*toit*
der Dachboden (¨)	*grenier*
der Esstisch (e)	*table à manger*
das Esszimmer (-)	*salle à manger*
das Fenster (-)	*fenêtre*
die Garage (n)	*garage*
der Garten (¨)	*jardin*
der Keller (-)	*cave*
das Klavier (e)	*piano*

Module 9
WORTSCHATZ

der Kleiderschrank (¨e)	armoire
die Küche (n)	cuisine
der Kühlschrank (¨e)	réfrigérateur
die Miete (n)	loyer
die Möbel (plur.)	meubles
der Nachttisch (e)	table de nuit
der Quadratmeter (-)	mètre carré
das Schlafzimmer (-)	chambre à coucher
der Sessel (-)	fauteuil
das Sofa (s)	canapé
der Stuhl (¨e)	chaise
die Toilette (n)	toilettes
die Tür (en)	porte
der Vorort (im ~)	banlieue (en ~)
das Waschbecken (-)	lavabo
das Wohnzimmer (-)	salon
das Zentrum (im ~)	centre-ville (dans le ~)

Déclinaison du groupe nominal datif défini et indéfini

masculin	féminin	neutre	pluriel
dem jungen Mann	der jungen Frau	dem jungen Mädchen	den jungen Leuten
einem jungen Mann	einer jungen Frau	einem jungen Mädchen	jungen Leuten

Pronoms personnels au datif

mir	me, à moi
dir	te, à toi
ihm	(à) lui (masc./neut.)
ihr	(à) lui (fém.)
uns	(à) nous

euch	*(à) vous* (de tutoiement)
ihnen	*leur/à eux*
Ihnen	*(à) vous* (de vouvoiement)

Prépositions avec le datif

aus	*de* (sortie)
bei	*chez* (locatif)
mit	*avec*
nach	*après* (temporel)
seit	*depuis*
von	*de/de la part de* (provenance)
zu	*chez* (destination)

Adjectifs

billig	*bon marché*
dunkel	*sombre*
hell	*clair/lumineux*
hoch (wie ~)	*(à) combien coûte(nt)/s'élève(nt)*
kalt (500 Euro ~)	*charges non comprises (500 euros ~)*
kaputt	*cassé*
laut	*bruyant*
ruhig	*tranquille*
teuer	*cher*
warm (500 Euro ~)	*charges comprises (500 euros ~)*

Module 9
LÖSUNGEN

Grundlagen

VOTRE SCORE :

PAGE 84
Les pièces de la maison
1 **B** 2 **A** 3 **C** 4 **A** 5 **C**

PAGE 84
Les meubles et autres objets
1 **A/B** 2 **C/D** 3 **A/C** 4 **B/C** 5 **A/C**

PAGE 85
Der, die ou das ?
1 **C** 2 **A** 3 **B** 4 **B** 5 **A** 6 **A** 7 **B** 8 **C** 9 **C**

PAGE 86
Les pronoms personnels au datif
1 **C** 2 **A** 3 **A** 4 **B** 5 **C** 6 **B** 7 **C** 8 **A** 9 **B**

PAGE 87
Le groupe nominal défini et indéfini au datif
1 **A** 2 **A** 3 **B** 4 **A** 5 **A** 6 **B** 7 **B** 8 **B**

PAGE 88
L'adjectif épithète au nominatif et à l'accusatif
1 **B** 2 **A** 3 **C** 4 **A** 5 **C** 6 **A**

PAGE 88
Les prépositions avec le datif
1 **B** 2 **B** 3 **B** 4 **A** 5 **B**

PAGE 89
Nach Hause ou zu Hause ?
1 **A** 2 **B** 3 **B** 4 **A**

PAGES 89-90
Le logement
1 **A** 2 **B** 3 **B** 4 **A** 5 **A**
1 **C** 2 **B** 3 **A** 4 **C** 5 **B** 6 **B** 7 **B**

Vous avez obtenu entre 0 et 21 ? Revoyez chaque question en prenant un ouvrage de référence du niveau A2, comme *Objectif Langues* (Assimil).

Vous avez obtenu entre 22 et 31 ? C'est encore assez moyen. Revoyez vos erreurs toujours en vous aidant d'un ouvrage de référence.

Vous avez obtenu entre 32 et 47 ? C'est bien. Analysez vos erreurs et si besoin est révisez les points que vous ne maîtrisez pas complètement.

Vous avez obtenu entre 48 et 57 ? C'est très bien. Soyez vigilant aux fautes d'attention.

Vous avez obtenu 58 et plus ? Bravo. Vous pouvez passer au niveau supérieur.

Module 10
GRUNDLAGEN

Focus Les métiers

Cochez la bonne traduction en allemand.

Corrigé page 104

1. le cuisinier/la cuisinière
   - A der Kellner/die Kellnerin
   - B der Koch/die Köchin

2. le coiffeur/la coiffeuse
   - A der Schneider/die Schneiderin
   - B der Frisör/die Frisörin

3. l'artisan/l'artisane
   - A der Musiker/die Musikerin
   - B der Handwerker/die Handwerkerin

4. le serveur/la serveuse
   - A der Kellner/die Kellnerin
   - B der Bäcker/die Bäckerin

5. le vendeur/la vendeuse
   - A der Rechtsanwalt/die Rechtsanwältin
   - B der Verkäufer/die Verkäuferin

6. l'avocat/l'avocate
   - A der Rechtsanwalt/die Rechtsanwältin
   - B der Verkäufer/die Verkäuferin

7. le boulanger/la boulangère
   - A der Kellner/die Kellnerin
   - B der Bäcker/die Bäckerin

Module 10
GRUNDLAGEN

Focus Le présent de l'indicatif du verbe *wollen*, vouloir

*Complétez avec la forme du verbe **wollen** au présent de l'indicatif qui convient.*

1. Ich ... später Koch werden.
   - **A** willt
   - **B** wollt
   - **C** will

2. Was ... du später einmal werden?
   - **A** wollst
   - **B** willst
   - **C** willtest

3. Was ... er später einmal werden?
   - **A** willt
   - **B** wollte
   - **C** will

4. Wir ... Koch werden.
   - **A** willen
   - **B** wollen
   - **C** willten

5. Welchen Beruf ... ihr lernen?
   - **A** willt
   - **B** wolltet
   - **C** wollt

6. Sie ... nicht arbeiten. (ils/elles)
   - **A** willen
   - **B** wöllen
   - **C** wollen

7. Was ... Sie später einmal werden?
   - **A** wollen
   - **B** willst
   - **C** willtest

Focus Le travail

Cochez la bonne traduction en allemand.

> Corrigé page 104

1. le métier
   - **A** der Beruf
   - **B** die Arbeit
   - **C** das Geld

2. le travail
   - **A** das Gehalt
   - **B** die Arbeit
   - **C** das Geld

3. le salaire
   - **A** das Gehalt
   - **B** die Abteilung
   - **C** das Geld

4. le contrat de travail
   - **A** der Arbeitsbrief
   - **B** der Arbeitsvertrag
   - **C** die Abteilung

Module 10
GRUNDLAGEN

Focus: Accomplir certaines tâches au bureau

Cochez la bonne traduction en allemand.

1. Ich ... eine Mail. *J'envoie un mail.*
   - **A** schicke
   - **B** lese
   - **C** schreibe

2. Ich ... eine Mail. *J'écris un mail.*
   - **A** schicke
   - **B** lese
   - **C** schreibe

3. ... Sie bitte den Vertrag. *Veuillez traduire le contrat s'il vous plaît.*
   - **A** Übersetzen
   - **B** Unterschreiben
   - **C** Schicken

4. ... Sie bitte den Termin. *Veuillez confirmer le rendez-vous s'il vous plaît.*
   - **A** Bestätigen
   - **B** Unterschreiben
   - **C** Bekommen

5. ... bitte den Vertrag. *Signe le contrat s'il te plaît.*
   - **A** Bekomm
   - **B** Unterschreib
   - **C** Bestätige

6. Ich ... unsere Kunden. *J'accueille nos clients.*
   - **A** fange
   - **B** empfange
   - **C** bekomme

Focus: L'ordre des compléments au datif et à l'accusatif

Corrigé page 104

Cochez la traduction en allemand avec la syntaxe qui convient.

1. J'envoie le mail au chef de service.
   - **A** Ich schicke dem Abteilungsleiter die Mail.
   - **B** Ich schicke die Mail dem Abteilungsleiter.

2. Je l'envoie au chef de service.
   - **A** Ich schicke dem Abteilungsleiter sie.
   - **B** Ich schicke sie dem Abteilungsleiter.

3. Je lui envoie le mail.
   - **A** Ich schicke ihm die Mail.
   - **B** Ich schicke die Mail ihm.

Module 10
GRUNDLAGEN

4. Je le lui envoie.

   A Ich schicke ihm sie.

   B Ich schicke sie ihm.

Focus Les pronoms interrogatifs *wer*, *wen*, *wem*, *was*, qui, à qui, que ?

Complétez avec le pronom interrogatif qui convient.

1. … schicken Sie eine Mail? – Dem Programmierer.
   - **A** Wer
   - **B** Wen
   - **C** Wem

2. … ist am Telefon? – Herr Müller.
   - **A** Wer
   - **B** Was
   - **C** Wem

3. … ist das? – Der neue Vertrag.
   - **A** Wer
   - **B** Wen
   - **C** Was

4. … schicken Sie mir? – Den Vertrag.
   - **A** Wen
   - **B** Was
   - **C** Wem

5. Für … ist das? – Für dich.
   - **A** wer
   - **B** wen
   - **C** wem

6. … treffen sie heute? – Den neuen Programmierer.
   - **A** Wer
   - **B** Wen
   - **C** Wem

7. Mit … möchten Sie sprechen? – Mit Frau Benz
   - **A** wen
   - **B** wem
   - **C** wer

Focus Les autres pronoms interrogatifs

Complétez avec le pronom interrogatif qui convient.

1. … kommen sie? – Morgen.
   - **A** Warum
   - **B** Wann
   - **C** Wie viel

Module 10
GRUNDLAGEN

2. ... verdienen Sie? – Nicht viel.
   - **A** Wie lange
   - **B** Wie viel
   - **C** Wie

3. ... dauert die Versammlung? – Zwei Stunden.
   - **A** Wie lange
   - **B** Wie viel
   - **C** Wann

4. ... kommt er nicht? – Ich glaube, er ist krank.
   - **A** Wie lange
   - **B** Warum
   - **C** Wann

5. ... haben sie Zeit? – Jetzt.
   - **A** Warum
   - **B** Wie lange
   - **C** Wann

6. Bis ... sind Sie in Deutschland? – Bis Mittwoch.
   - **A** wann
   - **B** wem
   - **C** lange

Focus Les adjectifs qualificatifs

Cochez l'adjectif correspondant à chacune des descriptions.

Corrigé page 104

1. Er verdient viel. Er ist ...
   - **A** arm
   - **B** reich

2. Er verdient wenig. Er ist ...
   - **A** arm
   - **B** reich

3. Er arbeitet viel. Er ist ...
   - **A** faul
   - **B** fleißig

4. Er arbeitet wenig, Er ist ...
   - **A** faul
   - **B** fleißig

5. Er hat zu viel Arbeit. Er ist ...
   - **A** gestresst
   - **B** ruhig

6. Seine neue Stelle gefällt ihm. Er ist ...
   - **A** böse
   - **B** zufrieden

Module 10
GRUNDLAGEN

Focus Le présent de l'indicatif du verbe *wissen*, savoir

*Complétez avec la forme du verbe **wissen** au présent de l'indicatif qui convient.*

1. Ich ... es nicht.
   - **A** wisse
   - **B** weiß
   - **C** weiße

2. ... du das?
   - **A** Weißt
   - **B** Weißest
   - **C** Wisst

3. Er ... es auch nicht.
   - **A** wisst
   - **B** weißt
   - **C** weiß

4. Wir ... es nicht.
   - **A** wissen
   - **B** weißen
   - **C** weiß

5. ... ihr das?
   - **A** Weißt
   - **B** Wisst
   - **C** Weiß

6. Die Mitarbeiter ... es.
   - **A** weißen
   - **B** wussten
   - **C** wissen

7. Und Sie? Was ... Sie?
   - **A** wissen
   - **B** weißen
   - **C** weiß

Focus *Aber* ou *sondern*, mais ?

Corrigé page 104

Complétez avec l'adverbe qui convient.

1. Ich arbeite nicht in Deutschland, ... in Frankreich.
   - **A** aber
   - **B** sondern

2. Die Arbeit ist schwer, ... sie gefällt mir.
   - **A** aber
   - **B** sondern

3. Der Termin ist nicht heute, ... morgen.
   - **A** aber
   - **B** sondern

Module 10
GRUNDLAGEN

4. Er arbeitet langsam, ...gut.
   - **A** aber
   - **B** sondern

5. Ich verdiene nicht viel, ... die Arbeit gefällt mir.
   - **A** aber
   - **B** sondern

Focus *Sehr* ou *viel*, très/beaucoup ?

Complétez avec l'adverbe qui convient.

Corrigé page 104

1. Ich arbeite ...
   - **A** viel
   - **B** sehr

2. Du arbeitest zu ...
   - **A** viel
   - **B** sehr

3. Sie ist ... gestresst.
   - **A** viel
   - **B** sehr

4. Ich habe ... Arbeit.
   - **A** viel
   - **B** sehr

5. Ich habe ... viel Arbeit.
   - **A** viel
   - **B** sehr

6. Ich bin ... glücklich hier.
   - **A** viel
   - **B** sehr

7. Ich danke dir ...
   - **A** viel
   - **B** sehr

Astuce L'adverbe **aber** introduit une restriction, une réserve. Il s'emploie aussi bien après une proposition affirmative que négative. L'adverbe **sondern** sert à rectifier une chose que l'on vient de nier et ne s'emploie qu'après une proposition.

Module 10
WORTSCHATZ

Verbes

bekommen	*recevoir*
bestätigen	*confirmer*
empfangen	*accueillir*
schreiben	*écrire*
schicken	*envoyer*
übersetzen	*traduire*
unterschreiben	*signer*
verdienen	*gagner* (salaire)
wissen	*savoir*
wollen	*vouloir*

Noms

die Arbeit	*travail*
der Arbeitsvertrag (¨e)	*contrat de travail*
der Bäcker (-)/in (nen)	*boulanger/ère*
der Beruf (e)	*métier*
der Frisör (e)/in (nen)	*coiffeur/se*
das Gehalt (¨er)	*salaire*
der Handwerker (-)/in (nen)	*artisan/e*
der Kellner (-)/in (nen)	*serveur/se*
der Koch (¨e)/in (nen)	*cuisinier/ière*
der Kunde (n)	*client*
die Mail(s)	*mail*
der Musiker (-)/in (nen)	*musicien/ne*
der Programmierer (-)/in (nen)	*programmeur/se*

Module 10
WORTSCHATZ

der Rechtsanwalt (¨e)/in (nen)	*avocat/e*
der Sänger(-)/in (nen)	*chanteur/se*
der Schneider (-)/in (nen)	*tailleur*
der Verkäufer (-)/in (nen)	*vendeur/se*
der Vertrag (¨e)	*contrat*

Pronoms interrogatifs

wann	*quand*
bis wann	*jusqu'à quand*
warum	*pourquoi*
wem	*à qui*
mit wem	*avec qui*
für wen	*pour qui*
wie lange	*combien de temps*

Adjectifs/Adverbes

arm	*pauvre*
faul	*fainéant*
fleißig	*assidu*
gestresst	*stressé*
reich	*riche*
sehr	*très*
sondern	*mais* (après une négation)
zufrieden	*satisfait*

Module 10
LÖSUNGEN

Grundlagen

PAGE 95 - Les métiers
1 **B** 2 **B** 3 **B** 4 **A** 5 **B** 6 **A** 7 **B**

PAGE 96 - Le présent de l'indicatif du verbe **wollen**, *vouloir*
1 **C** 2 **B** 3 **C** 4 **B** 5 **C** 6 **C** 7 **A**

PAGE 96 - Le travail
1 **A** 2 **B** 3 **A** 4 **B**

PAGE 97 - Accomplir certaines tâches au bureau
1 **A** 2 **C** 3 **A** 4 **A** 5 **B** 6 **B**

PAGE 97 - L'ordre des compléments au datif et l'accusatif
1 **A** 2 **B** 3 **A** 4 **B**

PAGE 98 - Les pronoms interrogatifs **wer**, **wen**, **wem**, **was**, *qui, à qui, que ?*
1 **C** 2 **A** 3 **C** 4 **B** 5 **B** 6 **B** 7 **B**

PAGE 98 - Les autres pronoms interrogatifs
1 **B** 2 **B** 3 **A** 4 **B** 5 **C** 6 **A**

PAGE 99 - Les adjectifs qualificatifs
1 **B** 2 **A** 3 **B** 4 **B** 5 **A** 6 **B**

PAGE 100 - Le présent de l'indicatif du verbe **wissen**, *savoir*
1 **B** 2 **A** 3 **C** 4 **A** 5 **B** 6 **C** 7 **A**

PAGE 100 - **Aber** ou **sondern**, *mais* ?
1 **B** 2 **A** 3 **B** 4 **A** 5 **A**

PAGE 101 - **Sehr** ou **viel**, *très/beaucoup* ?
1 **A** 2 **A** 3 **B** 4 **A** 5 **B** 6 **B** 7 **B**

Vous avez obtenu entre 0 et 21 ? Revoyez chaque question en prenant un ouvrage de référence du niveau A2, comme *Objectif Langues* (Assimil).

Vous avez obtenu entre 22 et 33 ? C'est encore assez moyen. Revoyez vos erreurs toujours en vous aidant d'un ouvrage de référence.

Vous avez obtenu entre 34 et 49 ? C'est bien. Analysez vos erreurs et si besoin est révisez les points que vous ne maîtrisez pas complètement.

Vous avez obtenu entre 50 et 58 ? C'est très bien. Soyez vigilant aux fautes d'attention.

Vous avez obtenu 59 et plus ? Bravo. Vous pouvez passer au niveau supérieur.

Module 11
GRUNDLAGEN

Focus — Vêtements et chaussures

Trouvez l'intrus.

Corrigé page 115

1. la robe / le pull / la jupe
   - **A** das Kleid
   - **B** der Pulli
   - **C** der Rock
   - **D** die Haarbürste

2. le pantalon / le manteau / les chaussettes
   - **A** die Hose
   - **B** der Stuhl
   - **C** der Mantel
   - **D** die Strümpfe

3. les chaussures / la chemise / le chemisier
   - **A** die Schuhe
   - **B** das Hemd
   - **C** der Stift
   - **D** die Bluse

4. la veste / le chemisier / le chapeau
   - **A** die Jacke
   - **B** die Bluse
   - **C** der Hut
   - **D** das Fenster

5. le manteau / les gants / la casquette
   - **A** der Sessel
   - **B** die Handschuhe (plur.)
   - **C** der Mantel
   - **D** die Mütze

6. le maillot de bain / les gants / le bikini
   - **A** die Badehose
   - **B** die Handschuhe (plur.)
   - **C** der Bikini
   - **D** die Tür

Focus — Les pronoms réfléchis à l'accusatif : le verbe *sich an/ziehen*, s'habiller

Complétez avec le pronom réfléchi qui convient.

1. Ich ziehe ... an
   - **A** mich
   - **B** mir
   - **C** ich

Module 11
GRUNDLAGEN

2. Du ziehst ... an.
   - **A** dich
   - **B** dir
   - **C** du

3. Sie zieht ... an.
   - **A** sie
   - **B** ihr
   - **C** sich

4. Wir ziehen ... an.
   - **A** wir
   - **B** uns
   - **C** sich

5. Ihr zieht ... an.
   - **A** euch
   - **B** uns
   - **C** sich

6. Sie/sie ziehen ... an. *(vous de vouvoiement ou ils/elles)*
   - **A** sie
   - **B** die
   - **C** sich

Focus — **Les pronoms réfléchis au datif :** le verbe *sich etwas an/ziehen*, mettre/enfiler qqch.

Corrigé page 115

Complétez avec le pronom réfléchi qui convient.

1. Ich ziehe ... einen Pulli an
   - **A** mich
   - **B** mir
   - **C** ich

2. Du ziehst ... eine Jacke an.
   - **A** dich
   - **B** dir
   - **C** du

3. Er kauft ... warme Strümpfe.
   - **A** ihn
   - **B** ihm
   - **C** sich

4. Wir ziehen ... einen warmen Pulli an.
   - **A** euch
   - **B** uns
   - **C** sich

5. Ihr zieht .... einen warmen Pulli an.
   - **A** euch
   - **B** uns
   - **C** sich

6. Sie kaufen ... schöne Kleider. *(ils/elles)*
   - **A** sie
   - **B** die
   - **C** sich

Module 11
GRUNDLAGEN

Focus Les produits d'hygiène corporelle

Cochez la bonne traduction en allemand.

Corrigé page 115

1. la brosse à dents
   - **A** die Zahnbürste
   - **B** der Kamm
   - **C** die Seife
   - **D** die Haarbürste

2. le dentifrice
   - **A** die Seife
   - **B** die Zahnbürste
   - **C** die Zahnpasta
   - **D** die Haarbürste

3. la brosse à cheveux
   - **A** die Haarbürste
   - **B** der Kamm
   - **C** die Seife
   - **D** das Handtuch

4. le savon
   - **A** das Handtuch
   - **B** der Kamm
   - **C** die Seife
   - **D** die Haarbürste

5. la serviette de toilette
   - **A** die Zahnbürste
   - **B** das Handtuch
   - **C** die Seife
   - **D** die Zahnpasta

6. les ciseaux
   - **A** die Zahnbürste
   - **B** die Haarbürste
   - **C** das Duschgel
   - **D** die Schere

7. le shampoing
   - **A** das Shampoo
   - **B** das Handtuch
   - **C** das Duschgel
   - **D** die Haarbürste

8. le gel douche
   - **A** das Duschgel
   - **B** das Handtuch
   - **C** der Lippenstift
   - **D** die Haarbürste

Module 11
GRUNDLAGEN

Focus Les verbes pronominaux autour de l'hygiène et de la beauté

Complétez avec le verbe pronominal qui convient.

1. Ich ... mich. *Je me lave.*
   - **A** wasche
   - **B** dusche
   - **C** putze

2. Ich ... (mich)*. *Je prends un bain.*
   - **A** dusche
   - **B** bade
   - **C** wasche

3. Ich ... (mich)*. *Je me douche.*
   - **A** dusche
   - **B** bade
   - **C** putze

4. Ich ... mir die Zähne. *Je me brosse les dents.*
   - **A** putze
   - **B** kämme
   - **C** schneide

5. Ich ... mich. *Je me coiffe.*
   - **A** putze
   - **B** schminke
   - **C** kämme

6. Ich ... mich. *Je me maquille.*
   - **A** putze
   - **B** schminke
   - **C** kämme

7. Ich ... mir die Fingernägel. *Je me coupe les ongles.*
   - **A** putze
   - **B** schneide
   - **C** schminke

* Le pronom réfléchi est facultatif.

Astuce On emploie les pronoms réfléchis à l'accusatif si la phrase ne comporte pas de complément d'objet direct. Si la phrase comporte déjà un complément d'objet direct, on emploie les pronoms réfléchis au datif.

Focus Le déterminant interrogatif *welch-*, quel(s)/quelle(s) ?

Corrigé page 115

*Complétez avec **welch-** décliné comme il convient.*

1. ... Hose ziehst du an? *(acc. fém.)*
   - **A** Welche
   - **B** Welchen
   - **C** Welcher

2. ... Pulli gefällt dir besser? *(nom. masc.)*
   - **A** Welchen
   - **B** Welches
   - **C** Welcher

Module 11
GRUNDLAGEN

3. Welches Hemd passt zu *(va avec)* ... Schuhen? (dat. plur.)
   - **A** welchem
   - **B** welches
   - **C** welchen

4. ... Schuhe passen zu *(vont avec)* welchem Kleid?
   - **A** Welche
   - **B** Welches
   - **C** Welchen

5. ... Pulli ziehst du an?
   - **A** Welchen
   - **B** Welches
   - **C** Welcher

6. ... Kleid kaufst du?
   - **A** Welchem
   - **B** Welches
   - **C** Welchen

* Pour les trois premiers exemples, le cas et le genre sont indiqués. Dans les suivants, à vous de les déduire.

Astuce Le déterminant interrogatif **welch-** se décline comme **der, die, das, die**.

Focus Le déterminant interrogatif *was für ein-*, quel genre de ?

Corrigé page 115

*Complétez avec le pronom **was für ein-** décliné comme il convient.* *

1. ... Hose ziehst du an? *(acc. fém.)*
   - **A** Was für eine
   - **B** Was für ein
   - **C** Was für eins

2. ... Schuhe suchst du? *(acc. plur.)*
   - **A** Was für eine
   - **B** Was für
   - **C** Was für eins

3. ... Kleid suchst du? *(acc. neut.)*
   - **A** Was für
   - **B** Was für eine
   - **C** Was für ein

4. ... Pulli möchten Sie kaufen?
   - **A** Was für einer
   - **B** Was für ein
   - **C** Was für einen

5. ... Kleider tragen Sie gern?
   - **A** Was für eine
   - **B** Was für
   - **C** Was für eins

6. ... Shampoo ist gut für die Haare?
   - **A** Was für ein
   - **B** Was für
   - **C** Was für einen

* Pour les trois premiers exemples, le cas et le genre sont indiqués. Dans les suivants, à vous de les déduire.

Module 11
GRUNDLAGEN

> **Astuce** **Ein** se décline comme l'article indéfini **ein/eine** et ne possède donc pas de forme plurielle.

Focus Le présent de l'indicatif du verbe de modalité *sollen*, devoir (dans le sens d'un conseil/devoir moral)

Cochez le sujet qui convient. Il peut y avoir plusieurs réponses possibles.

1. Was soll … anziehen?
   - **A** ich
   - **B** die Kinder
   - **C** er

2. … sollst dir die Hände waschen.
   - **A** Wir
   - **B** Die Kinder
   - **C** Du

3. … sollt euch die Zähne putzen.
   - **A** Wir
   - **B** Ihr
   - **C** Er

4. Sollen … die Schuhe ausziehen? *(enlever)*
   - **A** wir
   - **B** sie *(sing.)*
   - **C** ihr

5. … sollen die Schuhe ausziehen.
   - **A** Sie *(vous de politesse)*
   - **B** Sie *(plur.)*
   - **C** Ich

Focus Les adverbes

Corrigé page 115

Complétez avec l'adverbe qui convient.

1. Ich habe … geduscht. *(déjà)*
   - **A** schon
   - **B** manchmal
   - **C** niemals

2. Ich dusche … kalt. *(toujours)*
   - **A** schon
   - **B** immer
   - **C** wieder

3. Ich dusche … kalt. *(aussi)*
   - **A** oft
   - **B** auch
   - **C** niemals

4. Warum duschst du …? *(encore)*
   - **A** schon
   - **B** immer
   - **C** wieder

Module 11
GRUNDLAGEN

5. Duschst du ...? *(souvent)*
   - **A** oft
   - **B** auch
   - **C** wieder

6. Duschst du ... morgens? *(jamais)*
   - **A** niemals
   - **B** wieder
   - **C** manchmal

7. Duschst du ... vor dem Frühstück? *(quelquefois)*
   - **A** niemals
   - **B** wieder
   - **C** manchmal

Focus Les couleurs

Complétez avec la traduction de la couleur indiquée entre parenthèses.

Corrigé page 115

1. Sie trägt einen ... Rock. *(rouge)*
   - **A** roten
   - **B** blauen
   - **C** gelben

2. Der ... Pulli ist schön. *(blanc)*
   - **A** schwarze
   - **B** gelbe
   - **C** weiße

3. Gefällt dir der ... Mantel? *(jaune)*
   - **A** grüne
   - **B** gelbe
   - **C** blaue

4. Wie viel kosten die ... Schuhe? *(noir)*
   - **A** schwarzen
   - **B** braunen
   - **C** grauen

5. Hast du meine ... Handschuhe gesehen? *(marron)*
   - **A** schwarzen
   - **B** braunen
   - **C** blauen

6. Hast du ein ... Hemd? *(bleu)*
   - **A** grünes
   - **B** gelbes
   - **C** blaues

7. Wo sind meine ... Strümpfe? *(gris)*
   - **A** grauen
   - **B** braunen
   - **C** blauen

8. Das ... Kleid ist schön. *(vert)*
   - **A** gelbe
   - **B** grüne
   - **C** rote

Module 11
WORTSCHATZ

Focus — Les adjectifs autour du physique

Complétez avec la traduction de l'adjectif indiqué entre parenthèses.

1. Sie ist sehr … *(jolie)*
   - **A** klein
   - **B** hübsch
   - **C** kalt

2. Ich bin zu … *(gros)*
   - **A** dick
   - **B** groβ
   - **C** schwer

3. Er ist zu … *(maigre)*
   - **A** weit
   - **B** lang
   - **C** dünn

4. Er ist sehr … *(fort/musclé)*
   - **A** schwarz
   - **B** stark
   - **C** schwer

5. Seine Haare sind … *(court)*
   - **A** klein
   - **B** kurz
   - **C** lang

6. Meine Haare sind … *(long)*
   - **A** klein
   - **B** kurz
   - **C** lang

Corrigé page 115

Verbes

an/ziehen (sich ~)	*habiller (s'~)*
aus/ziehen (sich ~)	*déshabiller (se ~)*
baden/sich baden	*prendre un bain*
duschen/duschen (sich ~)	*doucher (se ~)*
kämmen (sich ~)	*brosser/coiffer (se ~)*
putzen (sich die Zähne ~)	*brosser (se ~ les dents)*
schminken (sich ~)	*maquiller (se ~)*
schneiden (sich die Fingernägel ~)	*couper (se ~ les ongles)*
sollen	*devoir*
waschen (sich ~)	*laver (se ~)*

Module 11
WORTSCHATZ

Noms

die Badehose (n)	*maillot de bain*
die Bluse (n)	*chemisier*
das Duschgel (-)	*gel douche*
die Haarbürste (n)	*brosse à cheveux*
der Handschuh (e)	*gant*
das Handtuch (¨er)	*serviette de toilette*
das Hemd (en)	*chemise*
die Hose (n)	*pantalon*
der Hut (¨e)	*chapeau*
die Jacke (n)	*veste*
der Kamm (¨ e)	*peigne*
das Kleid (er)	*robe*
der Mantel (¨)	*manteau*
die Mütze (n)	*bonnet*
der Pulli (s)/der Pullover (-)	*pull (over)*
der Rock (¨e)	*jupe*
die Schere (n)	*ciseaux*
der Schuh (e)	*chaussure*
die Seife (n)	*savon*
das Shampoo (s)	*shampoing*
der Strumpf (¨e)	*chaussette*
die Zahnbürste (n)	*brosse à dents*
die Zahnpasta (~pasten)	*dentifrice*

Adjectifs

blau	*bleu*
braun	*marron*
dick	*gros*
dünn	*très mince/maigre*
gelb	*jaune*

Module 11
WORTSCHATZ

grau	*gris*
grün	*vert*
kurz	*court*
lang	*long*
rot	*rouge*
schwarz	*noir*
stark	*fort/musclé*
weiß	*blanc*

Pronoms réfléchis

mich (acc.) / mir (dat.)	*me*
dich (acc.) / dir (dat.)	*te*
sich (acc. et dat.)	*se* (sing.)
uns (acc. et dat.)	*nous*
euch (acc. et dat.)	*vous* (tutoiement)
sich (acc. et dat.)	*se* (plur. et vouvoiement)

Déterminants interrogatifs

welcher/welche/welches	*quel(s) / quelle(s)*
was für ein/eine/Ø	*quel genre de*

Adverbes

auch	*aussi*
immer	*toujours*
manchmal	*quelquefois*
niemals	*jamais*
oft	*souvent*
schon	*déjà*
wieder	*encore*

Module 11
LÖSUNGEN

Grundlagen

PAGE 105 - Vêtements et chaussures
1 **D** 2 **B** 3 **C** 4 **D** 5 **A** 6 **D**

PAGE 105 - Les pronoms réfléchis à l'accusatif : le verbe **sich an/ziehen**, *s'habiller*
1 **A** 2 **A** 3 **C** 4 **B** 5 **A** 6 **C**

PAGE 106 - Les pronoms réfléchis au datif : le verbe **sich etwas an/ziehen**, *mettre/enfiler qqch.*
1 **B** 2 **B** 3 **C** 4 **B** 5 **A** 6 **C**

PAGE 107 - Les produits d'hygiène corporelle
1 **A** 2 **C** 3 **A** 4 **C** 5 **B** 6 **D** 7 **A** 8 **A**

PAGE 108 - Les verbes pronominaux autour de l'hygiène et de la beauté
1 **A** 2 **B** 3 **A** 4 **A** 5 **C** 6 **B** 7 **B**

PAGE 108 - Le déterminant interrogatif **welch-**, *quel(s)/quelle(s) ?*
1 **A** 2 **C** 3 **C** 4 **A** 5 **A** 6 **B**

PAGE 109 - Le déterminant interrogatif **was für ein-**, *quel genre de ?*
1 **A** 2 **B** 3 **C** 4 **C** 5 **B** 6 **A**

PAGE 110 - Le présent de l'indicatif du verbe de modalité **sollen**, *devoir*
1 **A/C** 2 **C** 3 **B** 4 **A** 5 **A/B**

PAGE 110 - Les adverbes
1 **A** 2 **B** 3 **B** 4 **C** 5 **A** 6 **A** 7 **C**

PAGE 111 - Les couleurs
1 **A** 2 **C** 3 **B** 4 **A** 5 **B** 6 **C** 7 **A** 8 **B**

PAGE 112 - Les adjectifs autour de l'hygiène
1 **B** 2 **A** 3 **C** 4 **B** 5 **B** 6 **C**

VOTRE SCORE :

Vous avez obtenu entre 0 et 23 ? Revoyez chaque question en prenant un ouvrage de référence du niveau A2, comme *Objectif Langues* (Assimil).

Vous avez obtenu entre 24 et 35 ? C'est encore assez moyen. Revoyez vos erreurs toujours en vous aidant d'un ouvrage de référence.

Vous avez obtenu entre 36 et 53 ? C'est bien. Analysez vos erreurs et si besoin est révisez les points que vous ne maîtrisez pas complètement.

Vous avez obtenu entre 54 et 63 ? C'est très bien. Soyez vigilant aux fautes d'attention.

Vous avez obtenu 64 et plus ? Bravo. Vous pouvez passer au niveau supérieur.

Module 12
GRUNDLAGEN

Focus Présenter son CV : l'emploi des verbes au parfait

Corrigé page 126

Complétez avec la forme du verbe au parfait qui convient.

1. Er ist in Deutschland ... *(né)*
   - **A** gebort
   - **B** gebieren
   - **C** geboren

2. Mit 18 Jahren hat er das Abitur ... *(fait)*
   - **A** gemachen
   - **B** gemacht
   - **C** macht

3. Nach dem Abitur ist er nach Frankreich ... *(allé)*
   - **A** gegeht
   - **B** gegangen
   - **C** gegangt

4. Er hat da Französisch ... *(appris)*
   - **A** gelernt
   - **B** gelernen
   - **C** lernt

5. Dann hat er Architektur ... *(étudié)*
   - **A** studiert
   - **B** gestudiert
   - **C** gestudieren

6. Nach seinem Studium hat er vier Jahre in Paris ... *(travaillé)*
   - **A** arbeit
   - **B** gearbeitet
   - **C** arbeitet

7. Da hat er meine Mutter ... *(connu/fait la connaissance)*
   - **A** kennenlernen
   - **B** kennengelernt
   - **C** gekennenlernt

8. Sie haben ... (marié)
   - **A** geheiratet
   - **B** heiraten
   - **C** geheiraten

9. Und neun Monate später bin ich auf die Welt ... *(suis venu au monde)*
   - **A** gekommt
   - **B** gekamen
   - **C** gekommen

10. Wir haben in verschiedenen Ländern ... *(habité)*
    - **A** gewohnen
    - **B** gewohnt
    - **C** gewöhnt

11. Und sind immer sehr viel ... *(voyage)*
    - **A** gereisen
    - **B** gerissen
    - **C** gereist

12. Sie haben ein schönes und langes Leben ... *(eu)*
    - **A** gehabtet
    - **B** gehabt
    - **C** gehaben

Module 12
GRUNDLAGEN

13. Sie sind beide mit 100 Jahren ... *(mort)*

    - A gestirbt
    - B gestorben
    - C gesterben

Focus Le parfait des verbes faibles et forts

Cochez la forme du verbe au parfait qui convient.

Corrigé page 126

1. antworten → ich habe ...
   - A geantwort
   - B antgewortet
   - C geantwortet

2. probieren → ich habe ...
   - A geprobiert
   - B probieren
   - C probiert

3. sagen → ich habe ...
   - A gesaget
   - B gesagt
   - C sagt

4. suchen → ich habe ...
   - A gesucht
   - B gesuchen
   - C gesuchtet

5. finden → ich habe ...
   - A gefunden
   - B gefindet
   - C gefinden

6. helfen → ich habe ...
   - A gehelfen
   - B geholfen
   - C geholft

7. nehmen → ich habe ...
   - A genehmen
   - B genehmt
   - C genommen

8. rufen → ich habe ...
   - A geruft
   - B geriefen
   - C gerufen

9. sprechen → ich habe ...
   - A gesprecht
   - B gesprochen
   - C gesprichen

Module 12
GRUNDLAGEN

Focus — Le parfait des verbes à particule

Cochez la forme du verbe à particule au parfait qui convient.

Corrigé page 126

1. ankommen → ich bin …
   - **A** gekommen an
   - **B** geankommen
   - **C** angekommen

2. beginnen → es hat …
   - **A** begonnen
   - **B** gebeginnt
   - **C** begegonnen

3. versuchen → ich habe …
   - **A** gesucht
   - **B** vergesucht
   - **C** versucht

4. zurückkommen → ich bin …
   - **A** zurükgekommen
   - **B** zurückkommen
   - **C** gezurückkommen

5. anfangen → es hat …
   - **A** geanfangt
   - **B** angefangen
   - **C** anfangt

6. erklären → er hat …
   - **A** geerklärt
   - **B** ergeklärt
   - **C** erklärt

Focus — L'emploi des auxiliaires *haben* et *sein*

Complétez avec l'auxiliaire qui convient.

1. Ich … eine gute Arbeit gefunden. *J'ai trouvé un travail intéressant.*
   - **A** habe
   - **B** bin

2. Du … zu schnell gefahren. *Tu as roulé trop vite.*
   - **A** hast
   - **B** bist

3. Wir … uns die Hände gewaschen. *Nous nous sommes lavé les mains.*
   - **A** haben
   - **B** sind

4. Wann … ihr umgezogen? *Quand avez-vous déménagé ?*
   - **A** seid
   - **B** habt

5. Die Kinder … sich sehr gefreut. *Les enfants se sont réjouis.*
   - **A** haben
   - **B** sind

Module 12
GRUNDLAGEN

6. ... Sie lange gewartet? *Vous avez attendu longtemps ?*
   - **A** Haben
   - **B** Sind

7. Wo ... Sie studiert? *Où avez-vous étudié ?*
   - **A** haben
   - **B** sind

8. Deine Tochter ... gewachsen. *Ta fille a grandi.*
   - **A** hat
   - **B** ist

9. ... du gut geschlafen? *Tu as bien dormi ?*
   - **A** Hast
   - **B** Bist

10. Wir ... den ganzen Tag zu Hause geblieben. *Nous sommes restés toute la journée à la maison.*
    - **A** haben
    - **B** sind

Astuce On emploie **sein** pour les verbes intransitifs marquant un mouvement/changement d'état ainsi que les verbes **bleiben**, *rester* et **sein**, *être*. On emploie **haben** pour les autres verbes : transitifs, pronominaux, marquant un état.

Focus La syntaxe de la phrase indépendante au parfait

Cochez la syntaxe qui convient.

Corrigé page 126

1. wir / sind / umgezogen / letzte Woche → Wir...
   - **A** Wir sind umgezogen letzte Woche.
   - **B** Wir sind letzte Woche umgezogen.

2. wir / sind / umgezogen / letzte Woche → Letzte Woche ...
   - **A** Letzte Woche sind wir umgezogen.
   - **B** Letzte Woche wir sind umgezogen.

3. ich / Biologie / studiert / habe / nach dem Abitur → Ich ...
   - **A** Ich habe nach dem Abitur Biologie studiert.
   - **B** Ich studiert habe nach dem Abitur Biologie.

Module 12
GRUNDLAGEN

4. ich / Biologie / studiert / habe / nach dem Abitur → Nach dem Abitur …

   A Nach dem Abitur habe ich Biologie studiert.

   B Nach dem Abitur ich Biologie studiert habe.

5. meine Schwester / letztes Jahr / geheiratet / hat → Letztes Jahr…

   A Letztes Jahr hat meine Schwester geheiratet.

   B Letztes Jahr meine Schwester hat geheiratet.

6. in München / meine Frau / gearbeitet / hat → Meine Frau …

   A Meine Frau in München gearbeitet hat.

   B Meine Frau hat in München gearbeitet.

7. geboren / sind / wann / Sie → Wann …?

   A Wann sind geboren Sie?

   B Wann sind Sie geboren?

8. in welchem Jahr / hast / Abitur / gemacht / du → In welchem Jahr …?

   A In welchem Jahr du hast gemacht Abitur?

   B In welchem Jahr hast du Abitur gemacht?

9. wie lange / du / bist / geblieben / in Berlin → Wie lange…?

   A Wie lange bist du in Berlin geblieben?

   B Wie lange in Berlin du geblieben bist?

Focus Quelques phrases au parfait

Cochez la bonne traduction en français.

Corrigé page 126

1. Ich hab's (habe es) völlig vergessen.

   A Je n'y ai pas cru.

   B J'ai complètement oublié.

2. Ich habe nicht daran gedacht.

   A Je n'y ai pas pensé.

   B J'ai oublié.

Module 12
GRUNDLAGEN

3. Hast du gut geschlafen?
   - **A** Es-tu bien rentrée ?
   - **B** As-tu bien dormi ?

Corrigé page 126

4. Das hat mir wehgetan.
   - **A** Ça m'a étonné.
   - **B** Ça m'a fait mal.

5. Wir haben verloren.
   - **A** Nous avons essayé.
   - **B** Nous avons perdu.

6. Seid ihr gut angekommen?
   - **A** Vous êtes bien arrivés ?
   - **B** Vous êtes partis à l'heure ?

7. Habt ihr das gehört?
   - **A** Vous vous êtes bien entendus ?
   - **B** Vous avez entendu ça ?

8. Er hat sich entschuldigt.
   - **A** Il m'a remercié.
   - **B** Il s'est excusé.

9. Er hat sich bedankt.
   - **A** Il a dit merci.
   - **B** Il s'est trompé.

Focus Le prétérit des verbes *sein* et *haben*

*Complétez avec la forme des verbes **sein** et **haben** au prétérit qui convient.*

1. Du ... jung und ... viel Zeit.
   - **A** warst / habtest
   - **B** warst / hattest
   - **C** wärst / hättest

2. Wir ... nicht viel Geld, aber wir ... glücklich.
   - **A** habten / warten
   - **B** habten / waren
   - **C** hatten / waren

Module 12
GRUNDLAGEN

Corrigé page 126

3. Er ... eine interessante Arbeit und ... glücklich.
   - **A** hattet / wart
   - **B** hatte / war
   - **C** hat / wart

4. Wir ... jung und ... keine Kinder.
   - **A** waren / hatten
   - **B** warten / habten
   - **C** wären / hätten

5. Ihr ... keine Zeit und ... gestresst. *(stressé)*
   - **A** hattet / wart
   - **B** habtet / wartet
   - **C** hättet / wärt

6. Sie ... viel Spaß und ... sehr glücklich. *(ils/elles)*
   - **A** habten / warten
   - **B** hattet / wart
   - **C** hatten / waren

Focus Quelques phrases avec les verbes *sein* et *haben* au prétérit

Complétez avec le terme qui convient.

1. Wir hatten ein tolles ... *Nous avons passé un super week-end.*
   - **A** Wochenende
   - **B** Wochentag
   - **C** Wetter

2. Am Samstag war sehr schönes ... *Samedi, il a fait très beau temps.*
   - **A** Wochentag
   - **B** Zeit
   - **C** Wetter

3. Es war ein schöner ... *C'était une belle soirée.*
   - **A** Zeit
   - **B** Nacht
   - **C** Abend

4. Es war eine ..., mit dir zusammenzuarbeiten.
   C'était un plaisir de travailler avec toi.
   - **A** Glück
   - **B** Freude
   - **C** Spaß

5. Wir hatten kein ... *Nous n'avions pas de chance.*
   - **A** Glück
   - **B** Spaß
   - **C** Pech

6. Das war... *C'était pas de chance. (litt. C'était la poisse)*
   - **A** Fehler
   - **B** Pech
   - **C** Falsch

Module 12
GRUNDLAGEN

Focus L'emploi des conjonctions de subordination *als* et *wenn*

Complétez avec la conjonction qui convient.

1. Wie alt warst du, ... du geheiratet hast.
   - **A** als
   - **B** wenn

2. ... ich 18 werde, mache ich eine große Party.
   - **A** Als
   - **B** Wenn

3. Ich habe eine große Party gemacht, ... ich 18 wurde.
   - **A** als
   - **B** wenn

4. ... ich Geburtstag hatte, backte meine Mutter immer einen Kuchen.
   - **A** Als
   - **B** Wenn

5. Meine Mutter war 20, ... ich geboren wurde.
   - **A** als
   - **B** wenn

6. ... ich jung war, hatte ich viele Träume. *(rêves)*
   - **A** Als
   - **B** Wenn

7. ... man jung ist, hat man viele Träume.
   - **A** Als
   - **B** Wenn

Astuce *Quand* se traduit par **als** pour un moment/une période de temps unique dans le passé ; pour une action répétée, on emploie **wenn**. Pour un moment/une période de temps unique ou répétée dans le présent ou le futur, on emploie également **wenn**.

Focus Exprimer l'antériorité

Cochez la bonne traduction en allemand.

Corrigé page 126

1. Es war... *Il était une fois...*
   - **A** früher
   - **B** davor
   - **C** einmal

2. Das war ... nicht so. *Autrefois, ce n'était pas comme ça.*
   - **A** früher
   - **B** einmal
   - **C** vor

3. War es ... oder danach? *C'était avant ou après ?*
   - **A** vor
   - **B** davor
   - **C** früher

Module 12
WORTSCHATZ

Verbes

an/fangen → er fängt an	*commencer*
an/kommen	*arriver*
antworten	*répondre*
bedanken (sich ~)	*dire merci/remercier*
beginnen	*commencer*
bleiben	*rester*
denken	*penser*
entschuldigen (sich ~)	*s'excuser*
erklären	*expliquer*
finden	*trouver*
lernen	*apprendre*
probieren	*essayer/goûter*
rufen	*appeler*
sprechen → er spricht	*parler*
sterben → er stirbt	*mourir*
studieren	*étudier*
suchen	*chercher*
Spaß (~ haben)	*s'amuser*
um/ziehen	*déménager*
vergessen → er vergisst	*oublier*
verlaufen (sich ~)	*se perdre/s'égarer*
verlieren	*perdre*
versuchen	*essayer*
wachsen → er wächst	*grandir*
warten	*attendre*

Module 12
WORTSCHATZ

weh/tun (sich ~)	*se faire mal*
zurück/kommen	*revenir*

Noms

das Glück (sing.)	*chance*
die Party (s)	*fête*
das Pech (sing.)	*malchance/poisse*
das Wetter (sing.)	*temps* (météo)
das Wochenende (n)	*week-end*

Adverbes de temps

davor	*avant*
einmal	*une fois*
früher	*autrefois*

Module 12
LÖSUNGEN

VOTRE SCORE :

Grundlagen

PAGE 116 - Présenter son CV : l'emploi des verbes au parfait
1 **C** 2 **B** 3 **B** 4 **A** 5 **A** 6 **B** 7 **B** 8 **A** 9 **C** 10 **B** 11 **C** 12 **B** 13 **B**

PAGE 117 - Le parfait des verbes faibles et forts
1 **C** 2 **C** 3 **B** 4 **A** 5 **A** 6 **B** 7 **C** 8 **C** 9 **B**

PAGE 118 - Le parfait des verbes à particule
1 **C** 2 **A** 3 **C** 4 **A** 5 **B** 6 **C**

PAGE 118 - L'emploi des auxiliaires **haben** et **sein**
1 **A** 2 **B** 3 **A** 4 **A** 5 **A** 6 **C** 7 **A** 8 **B** 9 **A** 10 **B**

PAGE 119 - La syntaxe de la phrase indépendante au parfait
1 **B** 2 **A** 3 **A** 4 **A** 5 **A** 6 **B** 7 **B** 8 **B** 9 **A**

PAGE 120 - Quelques phrases au parfait
1 **B** 2 **A** 3 **B** 4 **B** 5 **B** 6 **A** 7 **B** 8 **B** 9 **A**

PAGE 121 - Le prétérit des verbes **sein** et **haben**
1 **B** 2 **C** 3 **B** 4 **A** 5 **A** 6 **A** 7 **C**

PAGE 122 - Quelques phrases avec **sein** et **haben** au prétérit
1 **A** 2 **C** 3 **C** 4 **B** 5 **A** 6 **B**

PAGE 123 - L'emploi des conjonctions de subordination **als** et **wenn**
1 **A** 2 **B** 3 **A** 4 **B** 5 **A** 6 **A** 7 **B**

PAGE 123 - Exprimer l'antériorité
1 **C** 2 **A** 3 **B**

Vous avez obtenu entre 0 et 26 ? Revoyez chaque question en prenant un ouvrage de référence du niveau A2, comme *Objectif Langues* (Assimil).

Vous avez obtenu entre 27 et 39 ? C'est encore assez moyen. Revoyez vos erreurs toujours en vous aidant d'un ouvrage de référence.

Vous avez obtenu entre 40 et 58 ? C'est bien. Analysez vos erreurs et si besoin est révisez les points que vous ne maîtrisez pas complètement.

Vous avez obtenu entre 59 et 70 ? C'est très bien. Soyez vigilant aux fautes d'attention.

Vous avez obtenu 71 et plus ? Bravo. Vous pouvez passer au niveau supérieur.

Module 13
GRUNDLAGEN

Focus **Les tâches ménagères**

Corrigé page 136

Complétez avec le verbe à l'infinitif qui convient.

1. Kannst du bitte dein Zimmer …? *(ranger)*
   - **A** aufräumen
   - **B** putzen
   - **C** aufhängen

2. Kannst du bitte das Badezimmer …? *(nettoyer)*
   - **A** aufräumen
   - **B** putzen
   - **C** spülen

3. Kannst du bitte die Wäsche …? *(accrocher)*
   - **A** aufräumen
   - **B** spülen
   - **C** aufhängen

4. Kannst du bitte das Geschirr …? *(faire la vaisselle)*
   - **A** putzen
   - **B** spülen
   - **C** waschen

5. Kannst du bitte den Müll …? *(trier les déchets)*
   - **A** trennen
   - **B** treffen
   - **C** fegen

6. Kannst du bitte den Boden …? *(balayer)*
   - **A** aufhängen
   - **B** spülen
   - **C** fegen

Focus **Les accessoires et produits de ménage**

Cochez la bonne traduction en allemand.

1. le balai
   - **A** der Besen
   - **B** der Staubsauger
   - **C** der Schwamm

2. l'aspirateur
   - **A** der Besen
   - **B** der Staubsauger
   - **C** der Schwamm

3. l'éponge
   - **A** das Putzmittel
   - **B** das Waschpulver
   - **C** der Schwamm

4. le produit d'entretien
   - **A** das Waschpulver
   - **B** der Eimer
   - **C** das Putzmittel

5. la lessive
   - **A** das Waschpulver
   - **B** der Eimer
   - **C** das Putzmittel

Module 13
GRUNDLAGEN

6. le seau
   - **A** das Waschpulver
   - **B** der Eimer
   - **C** das Putzmittel

7. le torchon
   - **A** das Küchentuch
   - **B** der Schwamm
   - **C** der Besen

Focus Les verbes de position et de mouvement

Complétez avec le verbe qui convient.

Corrigé page 136

1. Ich ... die Vase auf den Tisch. *Je pose le vase sur la table.*
   - **A** stelle
   - **B** stehe
   - **C** liege

2. Die Vase ... auf dem Tisch. *Le vase est posé sur la table.*
   - **A** stellt
   - **B** steht
   - **C** liegt

3. ... Sie die Papiere auf meinen Schreibtisch. *Posez les papiers sur mon bureau.*
   - **A** Liegen
   - **B** Stellen
   - **C** Legen

4. Die Papiere ... auf ihrem Schreibtisch. *Les papiers sont posés sur son bureau.*
   - **A** legen
   - **B** liegen
   - **C** stehen

5. Ich... das Bild an die Wand. *J'accroche le tableau au mur.*
   - **A** hänge
   - **B** stelle
   - **C** liege

6. Das Bild ... an der Wand. *Le tableau est accroché au mur.*
   - **A** hängt
   - **B** liegt
   - **C** steht

7. Sie ... schon im Bett. *Elle est déjà couchée.*
   - **A** legt
   - **B** liegt
   - **C** steht

8. Er... vor der Tür. *Il est devant la porte.*
   - **A** stellt
   - **B** hängt
   - **C** steht

Module 13
GRUNDLAGEN

Astuce À chaque verbe de position correspond un verbe de mouvement. Attention aux nuances : **stehen** *être posé* et **stellen** *poser* indiquent une position verticale ; **liegen** *être posé* et **legen** *poser* indiquent une position horizontale ; **hängen** signifie à la fois *être accroché/suspendu* et *accrocher/suspendre*.

Focus Les prépositions mixtes *in*, dans, *auf*, sur et *an*, à

Accusatif ou datif ? Cochez le cas qui convient.

Corrigé page 136

1. Die Putzmittel sind ... Schrank. *(dans)*
   - **A** in den *(acc.)*
   - **B** im *(dat.)*

2. Häng das Küchentuch ... Haken. *(à)*
   - **A** an den *(acc.)*
   - **B** am *(dat.)*

3. Das Küchtuch hängt ... Haken. *(à)*
   - **A** an den *(acc.)*
   - **B** am *(dat.)*

4. Leg den Schwamm ... Tisch. *(sur)*
   - **A** auf den *(acc.)*
   - **B** auf dem *(dat.)*

5. Der Schwamm liegt ... Tisch. *(sur)*
   - **A** auf den *(acc.)*
   - **B** auf dem *(dat.)*

6. Ich stelle die Bücher... Regal. *(sur)*
   - **A** ins *(acc.)*
   - **B** im *(dat.)*

7. Leg dich ... Bett. *(dans)*
   - **A** ins *(acc.)*
   - **B** im *(dat.)*

Astuce Les prépositions mixtes régissent un accusatif si le verbe exprime un déplacement/ changement de lieu et un datif si le verbe exprime un locatif (lieu où on est/est qqch.). Notez que dans certains cas, la préposition est contractée avec l'article. Exemples : **an das → ans** ; **in das → ins** ; **in dem → im**.

Module 13
GRUNDLAGEN

Focus Les autres prépositions mixtes

Complétez avec la préposition qui convient.

1. Es steht ... der Tür. *(à côté de)*
   - **A** zwischen
   - **B** neben
   - **C** hinter

2. Es steht ... der Tür. *(derrière)*
   - **A** vor
   - **B** neben
   - **C** hinter

3. Es liegt ... der Tür *(devant)*
   - **A** vor
   - **B** neben
   - **C** hinter

4. Wir hängen das Bild ... das Fenster und die Tür. *(entre)*
   - **A** zwischen
   - **B** neben
   - **C** hinter

5. Es liegt ... dem Tisch. *(sous)*
   - **A** unter
   - **B** über
   - **C** auf

6. Hast du die Lampe ... den Tisch gehängt? *(au-dessus de)*
   - **A** unter
   - **B** über
   - **C** auf

Focus Les connecteurs chronologiques

Complétez avec le connecteur qui convient.

1. ... putzt du die Küche. *(d'abord)*
   - **A** Dann
   - **B** Zuerst
   - **C** Zum Schluss

2. ... räumst du das Wohnzimmer auf. *(puis)*
   - **A** Dann
   - **B** Zuerst
   - **C** Zum Schluss

3. Und ... hängst du die Wäsche auf. *(pour finir)*
   - **A** dann
   - **B** zuerst
   - **C** zum Schluss

Corrigé page 136

Module 13
GRUNDLAGEN

Focus Bien ranger

Cochez le lieu adapté pour ranger chaque objet/élément indiqué.

1. das Buch *(le livre)*
   - **A** Es steht unter dem Regal.
   - **B** Es steht im Regal.

2. der Mantel *(le manteau)*
   - **A** Er hängt im Kühlschrank.
   - **B** Er hängt im Kleiderschrank.

3. mein Ausweis *(ma carte d'identité)*
   - **A** Er liegt im Backofen.
   - **B** Er liegt auf dem Schreibtisch.

4. das Klavier *(le piano)*
   - **A** Es steht im Wohnzimmer.
   - **B** Es steht im Garten.

5. das Bier *(la bière)*
   - **A** Es steht im Kühlschrank.
   - **B** Es steht im Regal.

6. die Vase *(le vase)*
   - **A** Sie steht unter dem Tisch.
   - **B** Sie steht auf dem Tisch.

7. das Bild *(le tableau/dessin)*
   - **A** Es hängt an der Wand.
   - **B** Es liegt in der Badewanne.

Module 13
GRUNDLAGEN

Focus — Le verbe de modalité *müssen*, devoir (il faut que/impératif)

*Complétez avec la forme du verbe **müssen** au présent de l'indicatif qui convient.*

1. Ich ... mein Zimmer aufräumen.
   - **A** muss
   - **B** musse

2. ... du auch dein Zimmer aufräumen?
   - **A** Musst
   - **B** Müsst

3. Was ... er putzen?
   - **A** muss
   - **B** musst

4. Wir ... hier aufräumen.
   - **A** mussen
   - **B** müssen

5. ... ihr auch putzen?
   - **A** Musst
   - **B** Müsst

6. Sie/sie ... aufräumen. *(vous de vouvoiement ou ils/elles)*
   - **A** mussen
   - **B** müssen

Focus — Quelques phrases avec *müssen*

Corrigé page 136

Complétez avec le mot qui convient.

1. Ich muss ... *Il faut que j'y aille.*
   - **A** hoch
   - **B** los
   - **C** zurück

2. Ich muss ... Toilette. *Je dois aller aux toilettes.*
   - **A** auf
   - **B** in
   - **C** zu

3. Ich muss dir was ... *Il faut que je te dise quelque chose.*
   - **A** sprechen
   - **B** fragen
   - **C** sagen

4. Ich muss ... *Il faut que je me lève.*
   - **A** aufstellen
   - **B** aufpassen
   - **C** aufstehen

Module 13
GRUNDLAGEN

5. Ich muss … *Il faut que je fasse attention.*
   - **A** aufstellen
   - **B** aufpassen
   - **C** aufstehen

6. Ich muss etwas … *Il faut que je mange quelque chose.*
   - **A** essen
   - **B** trinken
   - **C** lesen

7. Ich muss mich … *Il faut que je me dépêche.*
   - **A** fahren
   - **B** los
   - **C** beeilen

Focus : Les verbes de mouvement *sich setzen*, s'asseoir et de position *sitzen*, être assis

Corrigé page 136

Cochez la bonne traduction en allemand.

1. Il est assis sur la chaise.
   - **A** Er sitzt auf dem Stuhl.
   - **B** Er setzt sich auf den Stuhl.

2. Je m'assieds sur le canapé.
   - **A** Ich setze mich auf das Sofa.
   - **B** Ich sitze auf den Stuhl.

3. Où est-elle assise ?
   - **A** Wo setzt sie?
   - **B** Wo sitzt sie?

4. Où vous asseyez-vous ?
   - **A** Wohin sitzen Sie?
   - **B** Wohin setzen Sie sich?/Wo setzen Sie sich hin?*

5. Asseyez-vous s'il vous plaît !
   - **A** Setzen Sie sich bitte!
   - **B** Setzen Sie bitte!

* Deux constructions possibles.

Module 13
WORTSCHATZ

Verbes

auf/hängen (die Wäsche ~)	*accrocher* (le linge)
auf/passen	*faire attention*
auf/räumen	*ranger*
fegen (den Boden ~)	*balayer* (le sol)
hängen → hängte/gehängt	*accrocher*
hängen → hing/gehangen	*être accroché*
legen	*poser* (à plat)
liegen	*être posé* (à plat)
los/müssen → Ich muss los!	*devoir/falloir y aller* → *Il faut que j'y aille !*
müssen	*devoir/il faut que*
putzen	*nettoyer*
setzen (sich ~)	*s'asseoir*
sitzen	*être assis*
spülen (das Geschirr ~)	*laver la vaisselle*
stehen	*être posé* (droit)
stellen	*poser* (droit)
trennen (Müll ~)	*trier* (les déchets)

Noms

der Besen (-)	*balai*
der Eimer (-)	*seau*
das Küchentuch (¨er)	*torchon*
der Müll (sing.)	*déchets*
das Regal (e)	*bibliothèque*
das Putzmittel (-)	*produit d'entretien*

Module 13
WORTSCHATZ

der Schwamm (¨e)	*éponge*
der Staubsauger (-)	*aspirateur*
das Waschpulver (-)	*lessive*

Prépositions mixtes

an	*à/près de/contre*
auf	*sur*
hinter	*derrière*
in	*dans*
neben	*à côté de*
über	*au-dessus de*
unter	*sous*
vor	*devant*
zwischen	*entre*

Connecteurs chronologiques

dann	*puis*
zuerst	*d'abord*
zum Schluss	*pour finir/à la fin*

Module 13
LÖSUNGEN

Grundlagen

PAGE 127
Les tâches ménagères
1 **A** 2 **B** 3 **C** 4 **B** 5 **A** 6 **C**

PAGE 127
Les accessoires et produits de ménage
1 **A** 2 **B** 3 **C** 4 **C** 5 **A** 6 **B** 7 **A**

PAGE 128
Les verbes de position et de mouvement
1 **A** 2 **B** 3 **C** 4 **B** 5 **A** 6 **A** 7 **B** 8 **C**

PAGE 129
Les prépositions mixtes **in**, *dans*, **auf**, *sur* et **an**, *à*
1 **B** 2 **A** 3 **B** 4 **A** 5 **B** 6 **A** 7 **A**

PAGE 130
Les autres prépositions mixtes
1 **B** 2 **C** 3 **A** 4 **A** 5 **A** 6 **B**

PAGE 130
Les connecteurs chronologiques
1 **B** 2 **A** 3 **C**

PAGE 131
Bien ranger
1 **B** 2 **B** 3 **B** 4 **A** 5 **A** 6 **B** 7 **A**

PAGE 132
Le verbe de modalité **müssen**, *devoir* (il faut que/impératif)
1 **A** 2 **A** 3 **A** 4 **B** 5 **B** 6 **B**

PAGE 132
Quelques phrases avec **müssen**
1 **B** 2 **A** 3 **C** 4 **C** 5 **B** 6 **A** 7 **C**

PAGE 133
Les verbes de mouvement **sich setzen**, *s'asseoir* et de position **sitzen**, *être assis*
1 **A** 2 **A** 3 **B** 4 **B** 5 **A**

Vous avez obtenu entre 0 et 20 ? Revoyez chaque question en prenant un ouvrage de référence du niveau A2, comme *Objectif Langues* (Assimil).

Vous avez obtenu entre 21 et 31 ? C'est encore assez moyen. Revoyez vos erreurs toujours en vous aidant d'un ouvrage de référence.

Vous avez obtenu entre 32 et 47 ? C'est bien. Analysez vos erreurs et si besoin est révisez les points que vous ne maîtrisez pas complètement.

Vous avez obtenu entre 48 et 56 ? C'est très bien. Soyez vigilant aux fautes d'attention.

Vous avez obtenu 57 et plus ? Bravo. Vous pouvez passer au niveau supérieur.

Module 14
GRUNDLAGEN

Focus La nourriture

Trouvez l'intrus.

Corrigé page 147

1. la viande / les légumes / le poisson
   - **A** das Fleisch
   - **B** das Gemüse
   - **C** der Fisch
   - **D** das Glas

2. les fruits / le fromage / le riz
   - **A** das Obst
   - **B** der Käse
   - **C** der Schwamm
   - **D** der Reis

3. les pâtes / le gâteau / le pain
   - **A** die Nudeln
   - **B** die Farbe
   - **C** der Kuchen
   - **D** das Brot

4. la bière / l'eau / le vin
   - **A** das Bier
   - **B** das Wasser
   - **C** die Wohnung
   - **D** der Wein

5. le jus / le lait / le cacao
   - **A** der Stuhl
   - **B** der Saft
   - **C** die Milch
   - **D** der Kakao

6. l'œuf / le beurre / la confiture
   - **A** der Wagen
   - **B** das Ei
   - **C** die Butter
   - **D** die Marmelade

Cochez le mot qui n'appartient pas à la catégorie indiquée.

1. das Obst/die Früchte *les fruits*
   - **A** der Apfel
   - **B** der Honig
   - **C** die Birne
   - **D** die Weintrauben (plur.)

Module 14
GRUNDLAGEN

Corrigé page 147

2. das Gemüse *les légumes*
   - **A** die Bohnen (plur.)
   - **B** der Salat
   - **C** die Kartoffeln (plur.)
   - **D** der Nachtisch

3. die Getränke *les boissons*
   - **A** das Bier
   - **B** die Farbe
   - **C** der Wein
   - **D** der Saft

4. die Mahlzeiten *les repas*
   - **A** das Frühstück
   - **B** die Uhrzeit
   - **C** das Mittagessen
   - **D** das Abendessen

Focus Autour des repas

Cochez la bonne traduction en allemand. Il peut y avoir plusieurs réponses possibles.

1. Bon appétit !
   - **A** Guten Appetit!
   - **B** Mahlzeit!
   - **C** Jahreszeit!
   - **D** Schmeckt gut!

2. C'est bon ?
   - **A** Schmeckt's?
   - **B** Was ist das?
   - **C** Geht's?
   - **D** Wie geht's?

3. C'est bon.
   - **A** Es ist heiß.
   - **B** Es ist scharf.
   - **C** Es schmeckt gut.
   - **D** Es ist lecker.

4. C'est piquant.
   - **A** Es ist heiß.
   - **B** Es ist scharf.
   - **C** Es schmeckt gut.
   - **D** Es ist lecker.

5. C'est très chaud.
   - **A** Es ist heiß.
   - **B** Es ist scharf.
   - **C** Es schmeckt gut.
   - **D** Es ist lecker.

Module 14
GRUNDLAGEN

6. Je n'aime pas/Ce n'est pas bon.
   - **A** Es gefällt mir nicht.
   - **B** Es passt mir nicht.
   - **C** Es schmeckt mir nicht.
   - **D** Es geht mir nicht gut.

Focus La vaisselle

Cochez la bonne traduction en allemand.

Corrigé page 147

1. le couteau
   - **A** die Gabel
   - **B** das Messer
   - **C** der Teller

2. la fourchette
   - **A** die Gabel
   - **B** der Löffel
   - **C** der Teller

3. la cuillère
   - **A** das Glas
   - **B** der Löffel
   - **C** das Messer

4. le verre
   - **A** das Glas
   - **B** der Löffel
   - **C** die Gabel

5. l'assiette
   - **A** das Glas
   - **B** die Gabel
   - **C** der Teller

Focus L'emploi de *gern essen/trinken*, aimer manger/boire

Cochez la traduction en allemand avec la bonne syntaxe.

1. Qu'est-ce que tu aimes manger ?
   - **A** Was isst gern du?
   - **B** Was isst du gern?

2. Qu'est-ce que vous aimez boire ?
   - **A** Was gern Sie trinken?
   - **B** Was trinken Sie gern?

3. Nous aimons (manger du) le poisson.
   - **A** Wir essen gern Fisch.
   - **B** Wir essen Fisch gern.

Module 14
GRUNDLAGEN

Corrigé page 147

4. *Elle aime (boire de) la bière.*

   A Sie gern trinkt Bier.

   B Sie trinkt gern Bier.

Focus **La tournure *würde gern*, aimerais bien + verbe à l'infinitif**

Cochez la traduction en allemand avec la bonne syntaxe.

1. Qu'aimerais-tu manger ?

   A Was würdest gern du essen?

   B Was würdest du gern essen?

2. Qu'aimeriez-vous boire ?

   A Was würden trinken gern Sie?

   B Was würden Sie gern trinken?

3. J'aimerais manger de la glace.

   A Ich würde gern Eis essen.

   B Ich Eis gern essen würde.

4. Il aimerait boire de la bière.

   A Er würde gern trinken Bier.

   B Er würde gern Bier trinken.

Focus **Quelques phrases autour de la nourriture**

Cochez la réplique qui convient en fonction du contexte.

1. Tom hat Hunger.

   A Er möchte etwas trinken.

   B Er möchte etwas essen.

2. Das Essen ist sehr lecker.

   A Es schmeckt uns.

   B Es ist kalt.

Module 14
GRUNDLAGEN

3. Lea hat Durst.

    A Sie möchte etwas trinken.

    B Sie ist satt.

4. Wir haben keinen Hunger mehr.

    A Wir haben nicht genug gegessen.

    B Wir sind satt.

5. Wir müssen etwas warten

    A Das Essen ist noch nicht fertig.

    B Das Essen ist fertig.

Corrigé page 147

> **Focus** Les conjonctions de subordination *dass*, que, *weil*, parce que et *wenn*, quand

Cochez la conjonction de subordination qui convient en fonction du contexte.

1. Ich esse jetzt, ... ich Hunger habe.

    A dass **B** weil **C** wenn

2. ... schönes Wetter ist, essen wir im Garten.

    A Dass **B** Weil **C** Wenn

3. Er hat gesagt, ... wir bald essen.

    A dass **B** weil **C** wenn

4. Ich wusste *(savais)* nicht, ... du kein Fleisch isst.

    A dass **B** weil **C** wenn

5. Ich esse viel Obst und Gemüse, ... es gesund ist.

    A dass **B** weil **C** wenn

Module 14
GRUNDLAGEN

Focus Les conjonctions de subordination *wenn*, si et *ob*, si (ou non)

Cochez la conjonction de subordination qui convient en fonction du contexte.

1. Wir machen einen Barbecue, ... das Wetter schön ist.
   - **A** wenn
   - **B** ob

2. Ich weiß nicht, ... er Fleisch isst.
   - **A** wenn
   - **B** ob

3. Frag ihn bitte, ... er Fleisch isst.
   - **A** wenn
   - **B** ob

4. Was können wir kochen, ... er kein Fleisch isst.
   - **A** wenn
   - **B** ob

5. Wissen Sie, ... er Fleisch isst?
   - **A** wenn
   - **B** ob

6. ... er Fleisch isst, machen wir einen Barbecue.
   - **A** Wenn
   - **B** Ob

Corrigé page 147

Astuce La conjonction de subordination **wenn** *si* introduit une hypothèse ; la conjonction **ob** *si* (ou *non*) introduit des questions indirectes.

Focus La syntaxe de la proposition principale

Cochez la bonne syntaxe en tenant compte de la place de la proposition au sein la phrase.

1. ..., weil ich jetzt keinen Hunger habe.
   - **A** Ich später esse
   - **B** Ich esse später

2. Weil ich jetzt keinen Hunger habe, ...
   - **A** ich später esse.
   - **B** esse ich später.

Module 14
GRUNDLAGEN

3. ..., weil mein Vater Geburtstag hat.
   - **A** Morgen backe ich einen Kuchen
   - **B** Morgen ich backe einen Kuchen

4. Weil mein Vater morgen Geburtstag hat, ...
   - **A** heute backe ich einen Kuchen.
   - **B** backe ich heute einen Kuchen.

5. ..., weil ich keinen Hunger hatte.
   - **A** Ich habe nicht viel gegessen
   - **B** Ich habe gegessen nicht viel

6. Weil ich keinen Hunger hatte, ...
   - **A** ich viel gegessen habe nicht.
   - **B** habe ich nicht viel gegessen.

7. ..., weil ich keine Zeit hatte.
   - **A** Heute Mittag habe ich nichts gegessen
   - **B** Heute Mittag ich habe nichts gegessen

8. Weil ich keine Zeit hatte, ...
   - **A** habe ich heute Mittag nichts gegessen.
   - **B** heute Mittag habe ich nichts gegessen.

9. Weil ich Zahnschmerzen *(mal aux dents)* habe, ...
   - **A** kann ich fast nichts essen.
   - **B** kann essen ich fast nichts.

10. ..., weil ich Zahnschmerzen habe.
    - **A** Ich kann fast nichts essen
    - **B** Ich essen kann fast nichts

Corrigé page 147

Module 14
GRUNDLAGEN

Focus La syntaxe de la proposition subordonnée

Cochez la proposition subordonnée avec la bonne syntaxe.

Corrigé page 147

1. Er sagt, ...
   - **A** dass er Durst hat.
   - **B** dass hat er Durst.

2. Er sagt, ...
   - **A** dass er möchte Fleisch essen.
   - **B** dass er Fleisch essen möchte.

3. Er sagt, ...
   - **A** dass er Fleisch hat gegessen.
   - **B** dass er Fleisch gegessen hat.

4. ..., kauft er Obst und Gemüse.
   - **A** Weil es ist gesund
   - **B** Weil es gesund ist

5. ..., kauft er Obst und Gemüse.
   - **A** Weil möchte er gesund essen
   - **B** Weil er gesund essen möchte

6. ..., will er heute nur Obst und Gemüse essen.
   - **A** Weil er am Wochenende viel gegessen hat
   - **B** Weil er hat am Wochenende viel gegessen

Astuce Placée en tête de phrase ou derrière la proposition principale, la proposition subordonnée garde toujours la même syntaxe.

Module 14
WORTSCHATZ

Verbes

backen (einen Kuchen ~)	*faire (~ un gâteau)*
Durst haben	*avoir soif*
essen ➜ er isst	*manger*
schmecken (gut/nicht gut ~)	*être/ne pas être bon*
trinken	*boire*

Noms

das Abendessen (-)	*dîner*
der Apfel (¨)	*pomme*
die Banane (n)	*banane*
das Bier (e)	*bière*
die Birne (n)	*poire*
die Bohnen (sing. die Bohne)	*haricots*
das Brot (e)	*pain*
die Butter (sing.)	*beurre*
das Ei (er)	*œuf*
der Fisch (e)	*poisson*
das Fleisch (sing.)	*viande*
die Frucht (¨e)	*fruit*
das Frühstück (e)	*petit-déjeuner*
die Gabel (n)	*fourchette*
das Gemüse (sing.)	*légumes*
das Glas (¨er)	*verre*
der Kakao (s)	*chocolat (boisson)*
die Kartoffel (n)	*pomme de terre*
der Käse (sing.)	*fromage*
der Kuchen (-)	*gâteau*
der Löffel (-)	*cuillère*
die Mahlzeit (en)	*repas*
die Marmelade (sing.)	*confiture*

Module 14
WORTSCHATZ

das Messer (-)	*couteau*
die Milch (sing.)	*lait*
das Mittagessen (-)	*déjeuner*
die Nudeln (plur.)	*pâtes*
das Obst (sing.)	*fruits*
der Reis (sing.)	*riz*
der Saft (¨e)	*jus*
der Salat (e)	*salade*
der Teller (-)	*assiette*
das Wasser (sing.)	*eau*
der Wein (e)	*vin*
die Weintrauben (plur.)	*raisin*

Conjonctions de subordination

dass	*que*
ob	*si (ou non)*
weil	*parce que*
wenn	*si*

Adjectifs

fertig	*prêt*
gesund	*sain*
heiβ	*très chaud*
lecker	*bon* (plat)
scharf	*piquant*
satt	*repu*

Expressions idiomatiques

Guten Appetit!	*Bon appétit !*
Mahlzeit!	*Bon appétit !*

Module 14
LÖSUNGEN

VOTRE SCORE :

Grundlagen

PAGE 137 - La nourriture
1 **D** 2 **C** 3 **B** 4 **C** 5 **A** 6 **A**
1 **B** 2 **B** 3 **B** 4 **B**

PAGE 138 - Autour des repas
1 **A/B** 2 **A** 3 **C/D** 4 **B** 5 **A** 6 **B**

PAGE 139 - La vaisselle
1 **B** 2 **A** 3 **B** 4 **A** 5 **C**

PAGE 139 - L'emploi de **gern essen/trinken**, *aimer manger/boire*
1 **B** 2 **A** 3 **A** 4 **B**

PAGE 140 - La tournure **würde gern**, *aimerais bien* + verbe à l'infinitif
1 **B** 2 **B** 3 **A** 4 **B**

PAGE 140 - Quelques phrases autour de la nourriture
1 **B** 2 **A** 3 **A** 4 **B** 5 **A**

PAGE 141 - Les conjonctions de subordination **dass**, *que*, **weil**, *parce que* et **wenn**, *quand*
1 **B** 2 **C** 3 **A** 4 **A** 5 **B**

PAGE 142 - Les conjonctions de subordination **wenn**, *si* et **ob**, *si (ou non)*
1 **A** 2 **B** 3 **B** 4 **A** 5 **B** 6 **A**

PAGE 142 - La syntaxe de la proposition principale
1 **B** 2 **B** 3 **A** 4 **B** 5 **A** 6 **B** 7 **A** 8 **A** 9 **A** 10 **A**

PAGE 144 - La syntaxe de la proposition subordonnée
1 **A** 2 **B** 3 **B** 4 **B** 5 **B** 6 **A**

Vous avez obtenu entre 0 et 20 ? Revoyez chaque question en prenant un ouvrage de référence du niveau A2, comme *Objectif Langues* (Assimil).
Vous avez obtenu entre 21 et 30 ? C'est encore assez moyen. Revoyez vos erreurs toujours en vous aidant d'un ouvrage de référence.
Vous avez obtenu entre 31 et 46 ? C'est bien. Analysez vos erreurs et si besoin est révisez les points que vous ne maîtrisez pas complètement.
Vous avez obtenu entre 47 et 55 ? C'est très bien. Soyez vigilant aux fautes d'attention.
Vous avez obtenu 56 et plus ? Bravo. Vous pouvez passer au niveau supérieur.

Module 15
GRUNDLAGEN

Focus Les lieux de la ville

Trouvez l'intrus.

Corrigé page 158

1. le théâtre / le cinéma / le musée
   - A das Theater
   - B das Obst
   - C das Kino
   - D das Museum

2. la mairie / la gare / l'hôpital
   - A das Rathaus
   - B der Bahnhof
   - C das Gemüse
   - D das Krankenhaus

3. le stade / le parc / la piscine
   - A das Stadion
   - B der Park
   - C das Schwimmbad
   - D der Kleiderschrank

4. le magasin / le parking / le cinéma
   - A das Geschäft
   - B das Parkhaus
   - C das Kino
   - D der Löffel

5. la mairie / le parc / le centre-ville
   - A das Frühstück
   - B das Rathaus
   - C der Park
   - D die Stadtmitte

6. l'église / le pont / la place
   - A die Kirche
   - B das Gemüse
   - C die Brücke
   - D der Platz

7. la cathédrale / la vieille ville / le pont
   - A der Dom
   - B das Dach
   - C die Altstadt
   - D die Brücke

Module 15
GRUNDLAGEN

Focus — Quelques sites touristiques en Allemagne et en Autriche

Complétez avec le mot qui convient.

1. Berlin: die Berliner ... *le mur de Berlin*
   - **A** Dom
   - **B** Tor
   - **C** Tür
   - **D** Mauer

2. Berlin: das Brandenburger ... *le porte de Brandebourg*
   - **A** Schloss
   - **B** Tor
   - **C** Tür
   - **D** Mauer

3. Köln: der Kölner ... *la cathédrale de Cologne*
   - **A** Dom
   - **B** Kirche
   - **C** Geburtshaus
   - **D** Tor

4. München: der Englische ... *le jardin anglais*
   - **A** Schloss
   - **B** Park
   - **C** Garten
   - **D** Rathaus

5. Salzburg: Mozarts ... *la maison natale de Mozart*
   - **A** Rathaus
   - **B** Kirche
   - **C** Geburtshaus
   - **D** Bürgermeister

6. Wien: das ... Schönbrunn *le château de Schönbrunn*
   - **A** Schloss
   - **B** Dom
   - **C** Kirche
   - **D** Garten

Focus — Les déterminants démonstratifs

Complétez avec le déterminant démonstratif qui convient.

Corrigé page 158

1. der Platz → Wie heißt ... Platz hier?
   - **A** diesen
   - **B** diese
   - **C** dieser

2. die Richtung → Ich gehe auch in ... Richtung.
   - **A** diese
   - **B** dieses
   - **C** diesem

Module 15
GRUNDLAGEN

3. die Stadt → Wart ihr schon in ... Stadt?
   - **A** diesen
   - **B** dieser
   - **C** diese

4. das Theater → Wie heißt ... Theater?
   - **A** dieses
   - **B** diesen
   - **C** diese

5. der Park → Kennst du ... Park?
   - **A** diesem
   - **B** dieser
   - **C** diesen

6. die Straße → Wie heißt ... Straße hier?
   - **A** diesen
   - **B** diese
   - **C** dieser

7. das Schwimmbad → Wart ihr schon in ... Schwimmbad?
   - **A** dieses
   - **B** diesem
   - **C** diese

Astuce Dieser, diese, dieses se déclinent comme les articles définis.

Focus La préposition *bis zu* + datif, jusqu'à

Cochez la bonne traduction des fins de phrases en allemand.

Corrigé page 158

1. Gehen Sie ... *(jusqu'à léglise)*
   - **A** bis zur Kirche
   - **B** bis zum Bahnhof
   - **C** bis zum Dom

2. Gehen Sie ... *(jusqu'à la place de la cathédrale)*
   - **A** bis zum Domplatz
   - **B** bis zum Spielplatz
   - **C** bis zum Marktplatz

3. Gehen Sie ... *(jusqu'au pont)*
   - **A** bis zum Domplatz
   - **B** bis zur Brücke
   - **C** bis zum Bahnhof

Module 15
GRUNDLAGEN

4. Gehen Sie ... *(jusqu'à l'aire de jeu)*
   - **A** bis zum Marktplatz
   - **B** bis zum Spielplatz
   - **C** bis zur Brücke

5. Gehen Sie ... *(jusqu'au fleuve)*
   - **A** bis zum Fluss
   - **B** bis zum Dom
   - **C** bis zur Brücke

Focus — Les adverbes de lieu et les prépositions *von* et *nach*

Corrigé page 158

Complétez les phrases comme il convient.

1. Das Auto kam ...
   - **A** links
   - **B** von links
   - **C** nach links

2. Die Post ist ... neben der Bäckerei.
   - **A** links
   - **B** von links
   - **C** nach links

3. Wir mussten ... gehen.
   - **A** rechts
   - **B** von rechts
   - **C** nach rechts

4. Ich gehe ...
   - **A** oben
   - **B** von oben
   - **C** nach oben

5. Ich warte ...
   - **A** unten
   - **B** von unten
   - **C** nach unten

Astuce Pour indiquer le lieu où se trouve qqn/qqch., on emploie l'adverbe tel quel. On ajoute la préposition **nach** devant l'adverbe pour indiquer la direction et **von** pour indiquer la provenance.

Module 15
GRUNDLAGEN

Focus — Les indéfinis *etwas,* quelque chose, *nichts,* rien, *jemand,* quelqu'un et *niemand,* personne

Complétez les phrases avec le pronom indéfini qui convient.

1. Ich frage ... nach dem Weg.
   - **A** etwas
   - **B** nichts
   - **C** jemand(en)*

2. Ich habe Hunger. Ich habe seit heute Morgen ... gegessen.
   - **A** etwas
   - **B** nichts
   - **C** jemand(en)

3. Hast du Zeit, ... zu trinken?
   - **A** etwas
   - **B** nichts
   - **C** niemand(en)*

4. Kennst du viele Leute in Berlin? – Nein, ich kenne ...
   - **A** etwas
   - **B** nichts
   - **C** niemand(en)*

5. Hat ... angerufen? – Ja, dein Vater.
   - **A** niemand
   - **B** nichts
   - **C** jemand

6. Er will alleine sein und mit ... reden.
   - **A** niemand(em)
   - **B** nichts
   - **C** etwas

* À l'accusatif et au datif, **jemand** et **niemand** peuvent se décliner ou non.

Focus S'orienter en ville

Cochez la bonne traduction en français.

1. Wir haben uns verlaufen.
   - **A** On s'est perdus.
   - **B** On va à pied.

2. Wo sind wir bloß?
   - **A** Où sommes-nous donc ?
   - **B** Qui sont-ils donc ?

Corrigé page 158

Module 15
GRUNDLAGEN

3. Sie gehen in die falsche Richtung.

    A Vous allez dans la mauvaise direction.

    B Vous continuez dans la même direction.

4. Der Bahnhof ist nur 2 Minuten zu Fuß entfernt.

    A La gare est à seulement 2 minutes de la zone piétonne.

    B La gare est à seulement 2 minutes à pied.

5. Gehen Sie geradeaus bis zum Mozartplatz.

    A Retournez à la place Mozart.

    B Allez tout droit jusqu'à la place Mozart.

6. Nehmen Sie die zweite Straße links.

    A Prenez la deuxième rue à droite.

    B Prenez la deuxième rue à gauche.

7. dann die erste rechts.

    A puis la première à droite.

    C puis la deuxième à droite.

8. Überqueren Sie die Brücke.

    A Traversez le pont.

    B Retournez en direction du pont.

9. Der Mozartplatz liegt hinter dem Dom.

    A La place Mozart se trouve face à la cathédrale.

    B La place Mozart se trouve derrière la cathédrale.

10. Das liegt direkt um die Ecke.

    A C'est derrière la place.

    B C'est juste au coin.

Corrigé page 158

Module 15
GRUNDLAGEN

Focus — **Tournures idiomatiques et mots utiles pour demander son chemin**

Complétez les phrases comme il convient. Les deux réponses peuvent être possibles.

1. …, können Sie uns sagen, wie wir zum Bahnhof kommen? *(Excusez-moi …)*
   - **A** Entschuldigung
   - **B** Entschuldigen Sie bitte

2. …, weißt du, wie man zum Bahnhof kommt? *(Pardon …)*
   - **A** Entschuldigung
   - **B** Entschuldigen Sie bitte

3. …, ich bin nicht von hier. *(Désolé)*
   - **A** Tut mir leid,
   - **B** Vielen Dank.

4. Vielen Dank für … *(le renseignement)*
   - **A** den Aufenthalt
   - **B** die Auskunft

5. Nichts … *(Il n'y a pas de quoi / litt. rien à remercier)*
   - **A** zu danken
   - **B** geschehen

6. Gern … *(De rien / litt. volontiers passé)*
   - **A** geschehen
   - **B** tut mir leid

7. … ich bringe Sie zum Bahnhof. *(Suivez-moi …)*
   - **A** Tut mir leid,
   - **B** Folgen Sie mir,

8. Schönen … in München ! *(Bon séjour)*
   - **A** Auskunft
   - **B** Aufenthalt

Focus — **Dialogues : demander son chemin**

Pour chaque dialogue, cochez la version où la chronologie est cohérente.

1.
   - **A** A: Entschuldigen Sie bitte. Könnten Sie mir sagen, wie ich zum Marktplatz komme?
     B: Gehen Sie immer geradeaus bis zum Bahnhof. Dann sind Sie schon auf dem Marktplatz.
     A: Danke für die Auskunft.
     B: Nichts zu danken.

Module 15
GRUNDLAGEN

B A: Entschuldigen Sie bitte. Könnten Sie mir sagen, wie ich zum Marktplatz komme?
B: Nichts zu danken.
A: Danke für die Auskunft.
B: Gehen Sie immer geradeaus bis zum Bahnhof. Dann sind Sie schon auf dem Marktplatz

Corrigé page 158

C B: Nichts zu danken.
A: Entschuldigen Sie bitte. Könnten Sie mir sagen, wie ich zum Marktplatz komme?
B: Gehen Sie immer geradeaus bis zum Bahnhof. Dann sind Sie schon auf dem Marktplatz
A: Danke für die Auskunft.

2.

A A: Endlich in Salzburg. Jetzt müssen wir nur noch die Mozartstraße finden.
B: Tut mir leid.
A: Ja, gute Idee ... Entschuldigung, wissen Sie, wo die Mozartstraße ist?
C: Wir können jemanden fragen.
B: Ich bin nicht von hier.

B A: Endlich in Salzburg. Jetzt müssen wir nur noch die Mozartstraße finden.
C: Wir können jemanden fragen.
A: Ja, gute Idee ... Entschuldigung. Wissen Sie, wo die Mozartstraße ist?
B: Tut mir leid. Ich bin nicht von hier.

C A: Ja, gute Idee ... Entschuldigung. Wissen Sie, wo die Mozartstraße ist?
C: Wir können jemanden fragen.
A: Endlich in Salzburg. Jetzt müssen wir nur noch die Mozartstraße finden
B: Tut mir leid. Ich bin nicht von hier.

3.

A A: Entschuldigung, wo ist der Bahnhof.
B: Kommen Sie mit mir. Ich muss in die gleiche Richtung.
A: Äh, könnten Sie bitte langsamer sprechen.
B: Der Bahnhof! Sie müssen die erste Straße rechts, dann wieder rechts, dann die zweite Straße links und dann sehen Sie schon den Bahnhof.

Module 15
WORTSCHATZ

B B: Der Bahnhof! Sie müssen die erste Straße rechts, dann wieder rechts, dann die zweite Straße links und dann sehen Sie schon den Bahnhof.
A: Entschuldigung, wo ist der Bahnhof?
B: Kommen Sie mit mir. Ich muss in die gleiche Richtung.
A: Äh, könnten Sie bitte langsamer sprechen.

C A: Entschuldigung, wo ist der Bahnhof.
B: Der Bahnhof! Sie müssen die erste Straße rechts, dann wieder rechts, dann die zweite Straße links und dann sehen Sie schon den Bahnhof.
A: Äh, könnten Sie bitte langsamer sprechen.
B: Kommen Sie mit mir. Ich muss in die gleiche Richtung.

Corrigé page 158

Verbes et expressions idiomatiques

danken (+ dat.)	*remercier*
Nichts zu danken	*De rien*
folgen (+ dat.)	*suivre*

Noms

der Aufenthalt (¨e)	*séjour*
die Auskunft (¨e)	*renseignement*
der Bahnhof (¨e)	*gare*
die Brücke (n)	*pont*
der Dom (e)	*cathédrale*
die Ecke (n)	*coin*
der Fluss (¨e)	*fleuve*
das Geburtshaus (¨er)	*maison natale*
das Geschäft (e)	*magasin*
das Kino (s)	*cinéma*

Module 15
WORTSCHATZ

die Kirche (n)	*église*
das Krankenhaus (¨er)	*hôpital*
der Marktplatz (¨e)	*place du marché*
die Mauer (n) (Berliner ~)	*mur (de Berlin)*
das Museum (Museen)	*musée*
der Park (s)	*parc*
das Parkhaus (¨er)	*parking*
der Platz (¨e)	*place*
das Rathaus (¨er)	*mairie*
die Richtung (en)	*direction*
das Schloss (¨er)	*château*
das Schwimmbad (¨er)	*piscine*
der Spielplatz (¨e)	*aire de jeu*
das Stadion (Stadien)	*stade*
die Stadt (¨e)	*ville*
die Stadtmitte (sing.)	*centre-ville*
das Theater (-)	*théâtre*
das Tor (e) (Brandenburger ~)	*porte (de Brandebourg)*

Déterminants démonstratifs et pronoms indéfinis

dieser, diese, dieses	*ce/cet, cette, ces*
etwas	*quelque chose*
jemand	*quelqu'un*
nichts	*rien*
niemand	*personne*

Module 15
LÖSUNGEN

Grundlagen

VOTRE SCORE :

PAGE 148
Les lieux de la ville
1 B 2 C 3 D 4 D 5 A 6 B 7 B

PAGE 149
Quelques sites touristiques en Allemagne et en Autriche
1 D 2 B 3 A 4 C 5 C 6 A

PAGE 149
Les pronoms démonstratifs
1 C 2 A 3 B 4 A 5 C 6 B 7 B

PAGE 150
La préposition **bis zu** + datif, *jusqu'à*
1 A 2 A 3 B 4 B 5 A

PAGE 151
Les adverbes de lieu et les prépositions **von** et **nach**
1 B 2 A 3 C 4 C 5 A

PAGE 152
Les indéfinis **etwas**, *quelque chose*, **nichts**, *rien*, **jemand**, *quelqu'un* et **niemand**, *personne*
1 C 2 B 3 A 4 C 5 C 6 A

PAGE 152
S'orienter en ville
1 A 2 A 3 A 4 B 5 B 6 B 7 A 8 A 9 B 10 B

PAGE 154
Tournures idiomatiques et mots utiles pour demander son chemin
1 A/B 2 A 3 A 4 B 5 A 6 A 7 B 8 B

PAGE 154
Dialogues : demander son chemin
1 A 2 B 3 C

Vous avez obtenu entre 0 et 19 ? Revoyez chaque question en prenant un ouvrage de référence du niveau A2, comme *Objectif Langues* (Assimil).

Vous avez obtenu entre 20 et 28 ? C'est encore assez moyen. Revoyez vos erreurs toujours en vous aidant d'un ouvrage de référence.

Vous avez obtenu entre 29 et 42 ? C'est bien. Analysez vos erreurs et si besoin est révisez les points que vous ne maîtrisez pas complètement.

Vous avez obtenu entre 43 et 50 ? C'est très bien. Soyez vigilant aux fautes d'attention.

Vous avez obtenu 51 et plus ? Bravo. Vous pouvez passer au niveau supérieur.

Module 16
GRUNDLAGEN

Focus — Les moyens de transport

Cochez la bonne traduction en allemand. Il peut y avoir des synonymes, donc plusieurs réponses possibles.

1. le train
   - A. der Zug
   - B. die Bahn
   - C. die U-Bahn

2. la voiture
   - A. das Fahrrad
   - B. das Auto
   - C. der Wagen

3. l'avion
   - A. die Straßenbahn
   - B. das Flugzeug
   - C. das Schiff

4. le bateau
   - A. der Wagen
   - B. die Bahn
   - C. das Schiff

5. la moto
   - A. das Fahrrad
   - B. das Motorrad
   - C. der Elektroroller

6. la trottinette électrique
   - A. das Fahrrad
   - B. das Motorrad
   - C. der Elektroroller

7. le vélo
   - A. das Fahrrad
   - B. das Motorrad
   - C. der Elektroroller

8. le tramway
   - A. die U-Bahn
   - B. der Bahnhof
   - C. die Straßenbahn

Focus — Les abréviations autour des moyens de transport

Cochez la traduction abrégée des moyens de transport suivants.

Corrigé page 170

1. le métro
   - A. U-Bahn
   - B. S-Bahn
   - C. Hbf.

2. le train de banlieue/RER (Paris)
   - A. U-Bahn
   - B. S-Bahn
   - C. Unter-Bahn

Module 16
GRUNDLAGEN

3. la gare principale
   - **A** U-Bahn
   - **B** S-Bahn
   - **C** Hbf.

Cochez la bonne signification des abréviations suivantes.

1. die U-Bahn
   - **A** Untergrund-Bahn
   - **B** Untergeschoss-Bahn
   - **C** Unter-Bahn
2. die S-Bahn
   - **A** Straßen-Bahn
   - **B** Schnell-Bahn
   - **C** Stadt-Bahn
3. DB
   - **A** Deutsche Busse
   - **B** Deutscher Bahnhof
   - **C** Deutsche Bahn
4. Hbf.
   - **A** Hauptbahnhof
   - **B** Hauptbundesbahn
   - **C** Hauptfahrzeug

Focus — Les noms composés autour des moyens de transport

Complétez les mots composés avec le premier terme qui convient.

Corrigé page 170

1. der ...hof *(la gare)*
   - **A** Bahn
   - **B** Zug
   - **C** Hauptbahn
2. die ...karte *(le billet/ticket)*
   - **A** Wagen
   - **B** Fahr
   - **C** Verkehrs
3. das ...ticket *(le billet d'avion)*
   - **A** Flugzeug
   - **B** Luft
   - **C** Flug
4. der ...hafen *(l'aéroport)*
   - **A** Flug
   - **B** Flugzeug
   - **C** Zug
5. die ...haltestelle *(l'arrêt de bus)*
   - **A** Bahn
   - **B** Bus
   - **C** Stop
6. die ...fahrt *(le départ)*
   - **A** An
   - **B** Vor
   - **C** Ab

Module 16
GRUNDLAGEN

7. die ...kunft *(l'arrivée)*

   A An   **B** Vor   **C** Ab

Focus Le vocabulaire autour des moyens de transport

Cochez la bonne traduction en allemand.

Corrigé page 170

1. un billet aller simple pour Munich

   A eine Fahrkarte hin und zurück nach München

   B eine einfache Fahrkarte nach München

   C eine Fahrkarte am Gang und am Fenster nach München

2. un billet aller-retour pour Munich

   A eine Fahrkarte hin und zurück nach München

   B eine einfache Fahrkarte nach München

   C eine Fahrkarte am Gang und am Fenster nach München

3. une place côté couloir

   A ein Platz am Fenster / ein Fensterplatz

   B ein Platz am Gang / ein Gangplatz

   C ein Platz hin

4. une place côté fenêtre

   A ein Platz am Fenster / ein Fensterplatz

   B ein Platz am Gang / ein Gangplatz

   C ein Platz zurück

5. prendre un vol/train plus tôt

   A einen späteren Flug/Zug nehmen

   B einen anderen Flug/Zug nehmen

   C einen früheren Flug/Zug nehmen

Module 16
GRUNDLAGEN

Corrigé page 170

6. prendre un vol/train plus tard

   A einen späteren Flug/Zug nehmen

   B einen früheren Flug/Zug nehmen

   C einen billigeren Flug/Zug nehmen

7. prendre un vol moins cher *(litt. plus économique)*

   A einen späteren Flug nehmen

   B einen früheren Flug nehmen

   C einen billigeren Flug nehmen

Focus — Les verbes *einsteigen*, monter, *aussteigen*, descendre, *umsteigen*, changer (dans/de train, bus, voiture)

Cochez l'option qui convient en fonction du contexte.

1. Fährt der Zug direkt bis zum Flughafen?

   A Nein, Sie müssen am Hauptbahnhof umsteigen.

   B Nein, Sie müssen am Hauptbahnhof einsteigen.

   C Nein, Sie müssen am Hauptbahnhof aussteigen.

2. ..., der Zug fährt los.

   A Bitte alle aussteigen

   B Bitte alle einsteigen

   C Bitte alle umsteigen

3. Wann kommen wir endlich an?

   A Bald. Bei der nächsten Station steigen wir ein.

   B Bald. Bei der nächsten Station steigen wir um.

   C Bald. Bei der nächsten Station steigen wir aus.

Module 16
GRUNDLAGEN

Focus Le comparatif de supériorité

Cochez la bonne traduction en allemand.

> Corrigé page 170

1. plus petit
   - **A** klein
   - **B** kleiner

2. plus grand
   - **A** großer
   - **B** größer

3. plus cher
   - **A** teurer
   - **B** teuer

4. plus lentement
   - **A** langsamer
   - **B** langsämer

5. plus pauvre
   - **A** armer
   - **B** ärmer

6. plus sombre
   - **A** dunkler
   - **B** dünkler

7. plus jeune
   - **A** junger
   - **B** jünger

8. plus simple
   - **A** einfacher
   - **B** einfächer

9. plus froid
   - **A** kalter
   - **B** kälter

10. plus chaud
    - **A** warmer
    - **B** wärmer

Astuce Pour former les adjectifs au comparatif de supériorité, on ajoute généralement le suffixe **-er** à la fin, et pour la majorité des monosyllabes, un **Umlaut** (inflexion) sur **a**, **o** et **u → ä**, **ö** et **ü**. Attention : les adjectifs qui se terminent par **-el** ou **-er** perdent le **e** du radical au comparatif de supériorité : **dunkel → dunkler**.

Module 16
GRUNDLAGEN

Focus — Le comparatif de supériorité : les exceptions

Cochez l'adjectif correspondant aux comparatifs de supériorité suivants.

Corrigé page 170

1. mehr *(plus)*
   - **A** viel
   - **B** gut
   - **C** wenig

2. besser *(mieux)*
   - **A** viel
   - **B** gut
   - **C** gern

3. höher *(plus haut)*
   - **A** oft
   - **B** hübsch
   - **C** hoch

4. lieber *(de préférence)*
   - **A** oft
   - **B** hübsch
   - **C** gern

Focus — L'emploi de *gern* et *lieber*

Complétez avec le mot qui convient.

1. Ich fliege nicht ... *Je n'aime pas prendre l'avion.*
   - **A** gern
   - **B** lieber

2. Ich fahre ... mit dem Auto. *Je préfère y aller en voiture.*
   - **A** gern
   - **B** lieber

3. Ich fahre ... Fahrrad. *J'aime faire du vélo.*
   - **A** gern
   - **B** lieber

4. Ich leihe dir ... mein Fahrrad. *Je te prête volontiers mon vélo.*
   - **A** gern
   - **B** lieber

5. Wir nehmen ... den Bus. *Nous préférons prendre le bus.*
   - **A** gern
   - **B** lieber

Module 16
GRUNDLAGEN

Focus	*(Genau)so* + comp. d'égalité + *wie*, autant/aussi que et comp. de sup. + *als*, plus que

Cochez la comparaison qui convient. Il peut y avoir plusieurs réponses possibles.

1. Fahrrad = 200 Euro/Elektroroller = 350 Euro

    A Das Fahrrad ist (genau)so teuer wie der Elektroroller.

    B Das Fahrrad ist billiger als der Elektroroller.

    C Der Elektroroller ist teurer als das Fahrrad.

2. Fahrrad = 18 Kg/Elektroroller = 90 Kg

    A Das Fahrrad ist schwerer als der Elektroroller.

    B Das Fahrrad ist leichter als der Elektroroller.

    C Der Elektroroller ist schwerer als das Fahrrad.

3. Bahnfahrt = 4 Stunden/Flug = 1 Stunde

    A Die Bahnfahrt dauert (genau)so lang wie der Flug.

    B Die Bahnfahrt dauert länger als der Flug.

    C Der Flug dauert länger als die Bahnfahrt.

4. Das Wetter : 30 Grad in Paris/30 Grad in Berlin

    A In Paris ist es (genau)so warm wie in Berlin.

    B In Paris ist es nicht wärmer als in Berlin.

    C In Berlin ist es wärmer als in Paris.

Corrigé page 170

Focus	Dialogue : *am Bahnhof*, à la gare

Complétez avec les mots qui conviennent.

1. A: Guten Tag. Ich ... eine Fahrkarte ... und zurück nach Hamburg bitte.

    A muss / her

    B kaufe / einfach

    C möchte / hin

Module 16
GRUNDLAGEN

Corrigé page 170

2. B: ... oder ... Klasse?
   - A Einser / zweiter
   - B Früherer / späterer
   - C Erster / zweiter

3. A: Zweiter ... . Wie ... dauert die Fahrt?
   - A Klasse / lange
   - B erster / weit
   - C Klasse / viel

4. B: Sie dauert sechs .... möchten Sie fahren?
   - A Stunden / Wenn
   - B Uhr / Wann
   - C Stunden / Wann

5. A: Morgen ... . Ich möchte einen ..., wenn es geht.
   - A früh / Fensterplatz
   - B morgen / Fenster
   - C gestern / Platz

6. B: Es gibt einen ... um 7:30 Uhr mit ... in Hamburg um 13:45 Uhr.
   - A Flugzeug / Ankunft
   - B Zug / Ankunft
   - C Zug / Abfahrt

7. A: Perfekt! Wie ... kostet die ...?
   - A lang / Bahn
   - B viel / Fahrkarte
   - C viele / Gangplatz

8. B: ... Sie eine BahnCard? *(carte de réduction)*
   - A Haben
   - B Können
   - C Kennen

Module 16
GRUNDLAGEN

9. A: Nein, leider ...
   - **A** kein
   - **B** auch
   - **C** nicht

10. B: Ohne BahnCard ... die Fahrkarte 64 (...)* Euro.
    - **A** kostet / vierundsechzig
    - **B** kosten / sechsundvierzig
    - **C** bezahlt / vierundsiebzig

11. A: Kann ich mit Kreditkarte ...?
    - **A** kaufen
    - **B** verkaufen
    - **C** zahlen

12. B: Ja, klar. Vielen ... ... Wiedersehen!
    - **A** Gruβ / Auf
    - **B** Dank / Zu
    - **C** Dank / Auf

Corrigé page 170

* indiquer le nombre en toutes lettres.

Module 16
WORTSCHATZ

Verbes

aus/steigen	*descendre* (du bus/train)
bezahlen	*payer*
dauern	*durer*
ein/steigen	*monter* (dans le bus/train)
um/steigen	*changer* (de bus/train)

Noms

das Auto (s)	*auto*
die Bahn (en)	*train*
die BahnCard (s)	*carte de réduction* (pour le train)
die Bahnfahrt (en)	*trajet en train*
der Bahnhof (¨e)	*gare*
der Bus (se)	*bus*
die Bushaltestelle (n)	*arrêt de bus*
der Elektroroller (-)	*trottinette électrique*
die Fahrkarte (n)	*billet/ticket*
eine einfache Fahrkarte/einfach	*aller simple*
(eine Fahrkarte) hin und zurück	*aller-retour*
das Fahrrad (¨er)	*vélo*
Fenster (Platz am ~)/Fensterplatz	*fenêtre (place côté ~)*
der Flughafen (¨)	*aéroport*
das Flugticket (s)	*billet d'avion*
das Flugzeug (e)	*avion*
Gang (Platz am ~)/Gangplatz	*couloir (place côté ~)*
Klasse (erster/zweiter ~)	*classe (première/deuxième ~)*

Module 16
WORTSCHATZ

das Motorrad (¨er)	*moto*
das Schiff (e)	*bateau*
die Straßenbahn (en)	*tramway*
der Wagen (-)	*voiture*
der Zug (¨e)	*train*

Adjectifs/Adverbes

besser	*mieux*
lieber (comp. sup. de gern *volontiers*)	*préféré*
hoch	*haut*
höher	*plus haut*
mehr	*plus*

Abréviations

Hbf. (Hauptbahnhof)	*gare principale*
die DB (Deutsche Bahn)	*chemin de fer fédéral allemand*
die S-Bahn (Schnellbahn)	*train de banlieue/RER (Paris)*
die U-Bahn (Untergrundbahn)	*métro*

Conjonctions

als (+ adj. au comp. sup.)	*plus ... que*
so ... wie (+ adj. qual.)	*aussi ... que*

Module 16
LÖSUNGEN

VOTRE SCORE :

Grundlagen

PAGE 159
Les moyens de transport
1 **A/B** 2 **B/C** 3 **B** 4 **C** 5 **B** 6 **C** 7 **A** 8 **C**

PAGES 159-160
Les abréviations autour des moyens de transport
1 **A** 2 **B** 3 **C**
1 **A** 2 **B** 3 **C** 4 **A**

PAGE 160
Les noms composés autour des moyens de transport
1 **A** 2 **B** 3 **C** 4 **A** 5 **B** 6 **C** 7 **A**

PAGE 161
Le vocabulaire autour des moyens de transport
1 **B** 2 **A** 3 **B** 4 **A** 5 **C** 6 **A** 7 **C**

PAGE 162
Les verbes **einsteigen**, *monter*, **austeigen**, *decendre*, **umsteigen**, *changer* (dans/de train, bus, voiture)
1 **A** 2 **B** 3 **C**

PAGE 163
Les comparatifs de supériorité
1 **B** 2 **B** 3 **A** 4 **A** 5 **B** 6 **A** 7 **B** 8 **A** 9 **B** 10 **B**

PAGE 164
Les comparatifs de supériorité : les exceptions
1 **A** 2 **B** 3 **C** 4 **C**

PAGE 164
L'emploi de **gern** et **lieber**
1 **A** 2 **B** 3 **A** 4 **A** 5 **B**

PAGE 165
(Genau)so + comp. d'égalité + **wie**, *autant/aussi que* et comp. de sup. + **als**, *plus que*
1 **B/C** 2 **B/C** 3 **B** 4 **A/B**

PAGE 165
Dialogue : **am Bahnhof**, *à la gare*
1 **C** 2 **C** 3 **A** 4 **C** 5 **A** 6 **B** 7 **B** 8 **A** 9 **C** 10 **A** 11 **C** 12 **C**

Vous avez obtenu entre 0 et 21 ? Revoyez chaque question en prenant un ouvrage de référence du niveau A2, comme *Objectif Langues* (Assimil).

Vous avez obtenu entre 22 et 33 ? C'est encore assez moyen. Revoyez vos erreurs toujours en vous aidant d'un ouvrage de référence.

Vous avez obtenu entre 34 et 50 ? C'est bien. Analysez vos erreurs et si besoin est révisez les points que vous ne maîtrisez pas complètement.

Vous avez obtenu entre 51 et 58 ? C'est très bien. Soyez vigilant aux fautes d'attention.

Vous avez obtenu 59 et plus ? Bravo. Vous pouvez passer au niveau supérieur.

Module 17
GRUNDLAGEN

Focus — La circulation

Cochez la bonne traduction en allemand.

Corrigé page 181

1. le feu tricolore
   - **A** die Kreuzung
   - **B** der Verkehr
   - **C** die Ampel

2. le croisement
   - **A** die Kreuzung
   - **B** der Verkehr
   - **C** die Ampel

3. la circulation
   - **A** der Stau
   - **B** der Verkehr
   - **C** die Ampel

4. les embouteillages
   - **A** der Stau
   - **B** die Kreuzung
   - **C** das Schild

5. la vitesse
   - **A** die Geschwindigkeit
   - **B** das Benzin
   - **C** der Verkehr

6. le panneau
   - **A** das Schild
   - **B** die Geschwindigkeit
   - **C** der Verkehr

7. l'essence
   - **A** das Schild
   - **B** das Benzin
   - **C** die Ampel

Focus — Les noms composés autour de la circulation

Complétez avec le premier ou le deuxième terme qui convient.

1. die Auto… *(l'autoroute)*
   - **A** straße
   - **B** bahn
   - **C** weg

2. die Autobahn… *(l'entrée d'autoroute)*
   - **A** einfahrt
   - **B** eingang
   - **C** fahrt

3. die Autobahn… *(la sortie d'autoroute)*
   - **A** ausgang
   - **B** fahrt
   - **C** ausfahrt

4. die Auto… *(le garage)*
   - **A** garage
   - **B** werkstatt
   - **C** stelle

Module 17
GRUNDLAGEN

5. die ...stelle *(la pompe à essence)*
   - **A** Tank
   - **B** Auto
   - **C** Wagen

6. der ... schein *(le permis de conduire)*
   - **A** Fahr
   - **B** Führer
   - **C** Auto

7. ...kilometer *(kilomètre/heure – aussi abrégé km/h en allemand)*
   - **A** Tank
   - **B** Führer
   - **C** Stunden

Focus Les différentes parties d'une voiture

Cochez la bonne traduction en allemand.

Corrigé page 181

1. la roue
   - **A** der Reifen
   - **B** das Rad
   - **C** das Autodach

2. le pneu
   - **A** der Reifen
   - **B** das Rad
   - **C** der Tank

3. le réservoir
   - **A** der Reifen
   - **B** das Rad
   - **C** der Tank

4. le toit (de voiture)
   - **A** der Reifen
   - **B** das Rad
   - **C** das Autodach

5. le moteur
   - **A** der Motor
   - **B** der Tank
   - **C** das Autodach

Cochez la bonne traduction en français en vous aidant des définitions.

1. der Blinker: Ich setzte (ici : *mets*) den Blinker, wenn ich nach rechts oder links abbiege *(tourne)*.
   - **A** phare(s)
   - **B** clignotant
   - **C** volant

2. der Scheinwerfer: Wenn es dunkel/Nacht ist, muss ich die Scheinwerfer anmachen *(allumer)*.
   - **A** phare(s)
   - **B** pare-chocs
   - **C** essuie-glace(s)

Module 17
GRUNDLAGEN

3. die Stoßstange: Es gibt eine Stoßstange vorne und eine Stoßstange hinten am Auto. Sie haben eine Schutzfunktion *(fonction de protection)* für das Auto.

   A clignotant   **B** pare-chocs   **C** essuie-glace

4. der Scheibenwischer: Es gibt zwei Scheibenwischer und ich mache sie an, wenn es regnet.

   A phare(s)   **B** pare-chocs   **C** essuie-glace(s)

5. das Lenkrad: Der Autofahrer sitzt am Lenkrad und fährt das Auto.

   A phare(s)   **B** pare-chocs   **C** volant

Focus Les abréviations autour des véhicules

Cochez l'abréviation correspondant à chaque véhicule indiqué.

Corrigé page 181

1. la voiture

   A VW-Käfer = Volkswagen

   B LKW = Lastkraftwagen

   C PKW = Personenkraftwagen

2. le poids lourd

   A VW-Käfer = Volkswagen

   B LKW = Lastkraftwagen

   C PKW = Personenkraftwagen

3. la coccinelle (voiture)

   A VW-Käfer = Volkswagen

   B LKW = Lastkraftwagen

   C PKW = Personenkraftwagen

Module 17
GRUNDLAGEN

Focus Le génitif saxon

Cochez la phrase où le génitif est utilisé comme il convient.

Corrigé page 181

1. Das ist das Auto von Anna.
   - **A** Das ist von Annas Auto.
   - **B** Das ist Annas Auto.
   - **C** Das ist das Annas Auto.

2. Das ist das Auto von Thomas.
   - **A** Das ist Thoma's Auto.
   - **B** Das ist Thoma's Auto.
   - **C** Das ist das von Thoma's Auto.

3. Ich war in der Autowerkstatt von Peter.
   - **A** Ich war in Peters Autowerkstatt.
   - **B** Ich war in der Autowerkstatt Peters.
   - **C** Ich war in Peters der Autowerstatt.

4. Ich war in der Autowerkstatt von Franz.
   - **A** Ich war in Franz' der Autowerkstatt.
   - **B** Ich war in der Autowerkstatt Franz'.
   - **C** Ich war in Franz' Autowerkstatt.

Astuce Le génitif saxon ne s'emploie généralement qu'avec un nom propre. Celui-ci se place directement devant le nom commun sans article et prend un **-s** ou une apostrophe s'il se termine par **s**, **β**, **x** ou **z**.

Focus Quelques phrases autour de la conduite/circulation

Cochez la bonne traduction en allemand.

1. Continuez tout droit jusqu'au croisement.
   - **A** Fahren Sie immer rechts bis zur Ampel.
   - **B** Fahren Sie weiter bis zur Kreuzung.
   - **C** Fahren Sie geradeaus bis zur Kreuzung.

Module 17
GRUNDLAGEN

2. Après le feu, tournez à droite.

   A Nach der Ampel biegen Sie rechts ab.

   B Hinter der Kreuzung biegen Sie rechts ab.

   C Nach der Ampel laufen sie nach rechts.

Corrigé page 181

3. Elle est passée au rouge.

   A Sie ist über Rot gefahren.

   B Sie ist über Grün gefahren.

   C Sie ist über Rot gegangen.

4. On aura peut-être un embouteillage. *(litt. nous entrerons peut-être dans l'embouteillage).*

   A Wir werden vielleicht zu spät kommen.

   B Wir werden vielleicht den Umweg machen.

   C Wir werden vielleicht in den Stau kommen.

5. C'est un détour.

   A Das ist ein Unfall.

   B Das ist ein Umweg.

   C Das ist ein großer Weg.

6. Nous avons eu un accident.

   A Wir hatten einen Umweg.

   B Wir hatten Stau.

   C Wir hatten einen Unfall.

7. C'est indiqué.

   A Es ist ausgeschildert.

   B Es ist hier.

   C Es gibt Stau.

8. Vous avez la priorité.

   A Sie haben recht.

   B Sie haben Vorfahrt.

   C Sie haben grün.

Module 17
GRUNDLAGEN

9. Nous nous arrêtons à la prochaine pompe à essence.

   A Wir warten an der nächsten Tankstelle.

   B Wir fahren bis zur nächsten Autobahn.

   C Wir halten an der nächsten Tankstelle.

10. Arrêtez-vous ici, Police !

    A Aufhören, Polizei!

    B Ankommen, Polizei!

    C Anhalten, Polizei!

11. Peut-on doubler (par la) droite ?

    A Darf man links überholen?

    B Darf man rechts überholen?

    C Darf man rechts holen?

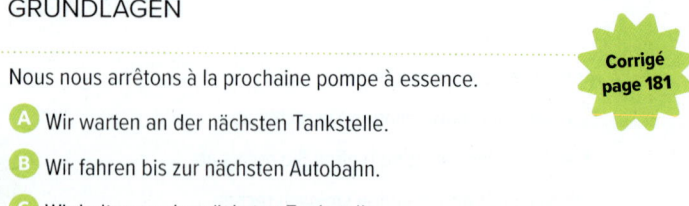
Corrigé page 181

Focus Le verbe de modalité *dürfen*, avoir le droit de

*Complétez avec la bonne forme du verbe **dürfen** au présent de l'indicatif.*

1. ... ich hier parken?

   A Darf   **B** Dürfe   **C** Därf

2. Nein, du ... hier nicht parken.

   A darfst   **B** dürfest   **C** därfst

3. Wie schnell ... ein LKW fahren?

   A darft   **B** darf   **C** därft

4. Wir ... nicht Auto fahren, denn wir haben keinen Führerschein.

   A darfen   **B** dürfen   **C** dürften

5. Ihr ... hier nicht parken.

   A dürftet   **B** darft   **C** dürft

Module 17
GRUNDLAGEN

6. ... sie schon ihren Führerschein machen? *(ils/elles)*

   A Dürfen   **B** Darfen   **C** Dürften

7. ... Sie hier parken? (*vous* de politesse)

   A Dürfen   **B** Darfen   **C** Dürften

Focus Quelques phrases à trous

Complétez avec les mots qui conviennent.

Corrigé page 181

1. Du darfst hier nicht ... . Hier steht Parken ...
   - **A** fahren / verboten
   - **B** parken / gefährlich
   - **C** parken / verboten

2. Fahr bitte ...! Man darf nicht mehr als 60 km/h (= ...) fahren.
   - **A** langsamer / Stundenkilometer
   - **B** schneller / Uhrkilometer
   - **C** ruhiger / Uhrkilometer

3. Ich muss ... . Wir haben fast kein ... mehr.
   - **A** fahren / Wasser
   - **B** tanken / Benzin
   - **C** tanken / Geld

4. Ich bin zu ... gefahren. Ich muss eine ... von 60 Euro zahlen.
   - **A** schnell / Geldstrafe
   - **B** groß / Geldstrafe
   - **C** schnell / Führerschein

5. Mit 18 ... habe ich meinen ... gemacht.
   - **A** Jahren / Führerschein
   - **B** Tagen / Führerschein
   - **C** Jahren / Fahrkarte

Module 17
GRUNDLAGEN

6. Das Auto ist in der … . Ich hatte einen …
   - A Tankstelle / Stau
   - B Unfall / Stau
   - C Werkstatt / Unfall

Focus Les panneaux danger

Cochez la bonne traduction en français.

Corrigé page 181

1. Achtung die Kurve!
   - A Attention au virage !
   - B Attention jardin d'enfants !
   - C Attention aux animaux sauvages !

2. Achtung Glatteis!
   - A Attention au virage !
   - B Attention verglas !
   - C Attention contrôle radar !

3. Achtung Schnee!
   - A Attention contrôle radar !
   - B Attention verglas !
   - C Attention à la neige !

4. Achtung wilde Tiere!
   - A Attention au virage !
   - B Attention aux animaux sauvages !
   - C Attention à la neige !

5. Achtung Kindergarten!
   - A Attention au virage !
   - B Attention aux animaux sauvages !
   - C Attention jardin d'enfants !

6. Achtung Radarkontrolle!
   - A Attention contrôle radar !
   - B Attention aux animaux sauvages !
   - C Attention à la neige !

Module 17
WORTSCHATZ

Verbes

ab/biegen	*tourner*
dürfen	*avoir le droit*
über Rot fahren	*passer au rouge*
parken	*se garer*
tanken	*prendre de l'essence*
überholen	*doubler*

Noms

die Ampel (n)	*feu tricolore*
die Autobahn (en)	*autoroute*
die Autobahnausfahrt (en)	*sortie d'autoroute*
die Autobahneinfahrt (en)	*entrée d'autoroute*
das Autodach (¨er)	*toit* (de voiture)
die Autowerkstatt/Werkstatt (¨e)	*garage*
das Benzin (sing.)	*essence*
der Blinker (-)	*clignotant*
der Führerschein (e)	*permis de conduire*
die Geldstrafe (n)	*amende*
die Geschwindigkeit (sing.)	*vitesse*
die Kreuzung (en)	*moteur*
die Kurve (n)	*virage*
das Lenkrad (¨er)	*volant*
der Motor (en)	*moteur*
das Rad (¨er)	*roue*
die Radarkontrolle (n)	*contrôle radar*
der Reifen (-)	*pneu*
der Scheibenwischer (-)	*essuie-glace(s)*
der Scheinwerfer (-)	*phare*

Module 17
WORTSCHATZ

das Schild (er)	pancarte
der Stau (s)	bouchon/embouteillages
die Stoßstange (n)	pare-chocs
Stundenkilometer (sans art.)	kilomètre/heure
der Tank (s)	réservoir
die Tankstelle (n)	pompe à essence
der Umweg (e)	détour
der Unfall (¨e)	accident
der Verkehr (sing.)	circulation
die Vorfahrt (sing.)	priorité

Participe passé/Adjectif

ausgeschildert	signalé

Abréviations

der LKW (s) = der Lastkraftwagen (-)	camion
der PKW (s) = der Personenkraftwagen (-)	voiture
der VW-Käfer (-) = der Volkswagen Käfer (-)	coccinelle

Panneaux danger

Achtung Glatteis!	Attention verglas !
Achtung Kindergarten!	Attention jardin d'enfants !
Achtung Kurve!	Attention virage !
Achtung Radarkontrolle!	Attention contrôle radar !
Achtung Schnee!	Attention à la neige !
Achtung wilde Tiere!	Attention animaux sauvages !

Module 17
LÖSUNGEN

Grundlagen

VOTRE SCORE :

PAGE 171
La circulation
1 **C** 2 **A** 3 **B** 4 **A** 5 **A** 6 **A** 7 **B**

PAGE 171
Les noms composés autour de la circulation
1 **B** 2 **A** 3 **C** 4 **B** 5 **A** 6 **B** 7 **C**

PAGE 172
Les différentes parties d'une voiture
1 **B** 2 **A** 3 **C** 4 **C** 5 **A**
1 **B** 2 **A** 3 **B** 4 **C** 5 **C**

PAGE 173
Les abréviations autour des véhicules
1 **C** 2 **B** 3 **A**

PAGE 174
Le gérondif saxon
1 **B** 2 **A** 3 **A** 4 **C**

PAGE 174
Quelques phrases autour de la conduite/circulation
1 **C** 2 **A** 3 **A** 4 **C** 5 **B** 6 **C** 7 **A** 8 **B** 9 **C** 10 **C** 11 **B**

PAGE 176
Le verbe de modalité **dürfen**, *avoir le droit de*
1 **A** 2 **A** 3 **B** 4 **B** 5 **C** 6 **A** 7 **A**

PAGE 177
Quelques phrases à trous
1 **C** 2 **A** 3 **B** 4 **A** 5 **A** 6 **C**

PAGE 178
Les panneaux danger
1 **A** 2 **B** 3 **C** 4 **B** 5 **C** 6 **A**

Vous avez obtenu entre 0 et 20 ? Revoyez chaque question en prenant un ouvrage de référence du niveau A2, comme *Objectif Langues* (Assimil).

Vous avez obtenu entre 21 et 30 ? C'est encore assez moyen. Revoyez vos erreurs toujours en vous aidant d'un ouvrage de référence.

Vous avez obtenu entre 31 et 46 ? C'est bien. Analysez vos erreurs et si besoin est révisez les points que vous ne maîtrisez pas complètement.

Vous avez obtenu entre 47 et 55 ? C'est très bien. Soyez vigilant aux fautes d'attention.

Vous avez obtenu 56 et plus ? Bravo. Vous pouvez passer au niveau supérieur.

Module 18
GRUNDLAGEN

Focus L'argent

Cochez la bonne traduction en allemand.

Corrigé page 190

1. l'argent
   - **A** der Geldbeutel
   - **B** das Geld
   - **C** der Geldschein

2. le billet de banque
   - **A** der Geldbeutel
   - **B** der Bankautomat/Geldautomat
   - **C** der Geldschein

3. le porte-monnaie
   - **A** der Geldbeutel
   - **B** die Geldmünze
   - **C** der Geldschein

4. la pièce de monnaie
   - **A** die Geldmünze
   - **B** der Bankautomat/Geldautomat
   - **C** der Geldschein

5. la banque
   - **A** die Bank
   - **B** das Bankkonto
   - **C** das Bargeld

6. le compte bancaire/courant
   - **A** der Bankautomat/Geldautomat
   - **B** das Konto/Girokonto
   - **C** die Kreditkarte/Debitkarte

7. la carte de crédit
   - **A** der Bankautomat/Geldautomat
   - **B** das Konto/Girokonto
   - **C** die Kreditkarte/Debitkarte

8. le distributeur automatique
   - **A** die Geldmünze
   - **B** der Bankautomat/Geldautomat
   - **C** das Bargeld

9. l'argent liquide
   - **A** die Geldmünze
   - **B** der Geldbeutel
   - **C** das Bargeld

Module 18
GRUNDLAGEN

Focus À ne pas confondre

Cochez la bonne traduction en allemand.

Corrigé page 190

1. la banque/les banques
   - **A** die Bank/die Banken
   - **B** die Bank/die Bänke

2. le banc/les bancs
   - **A** die Bank/die Banken
   - **B** die Bank/die Bänke

3. payer
   - **A** zahlen/bezahlen
   - **B** zählen

4. compter
   - **A** zahlen/bezahlen
   - **B** zählen

5. gagner (de l'argent)
   - **A** gewinnen
   - **B** verdienen

6. gagner (au jeu)
   - **A** gewinnen
   - **B** verdienen

Complétez avec le terme qui convient.

1. Im Park gibt es viele schöne …
   - **A** Banken
   - **B** Bänke

2. Ich habe mehrere *(plusieurs)* Konten bei verschiedenen *(différentes)* …
   - **A** Banken
   - **B** Bänke

3. Wer hat gestern das Spiel …?
   - **A** gewonnen
   - **B** verdient

4. Wie viel … du im Monat ?
   - **A** gewonnst
   - **B** verdienst

5. Ich … bis drei.
   - **A** zähle
   - **B** zahle/bezahle

6. Wir möchten bitte …
   - **A** zählen
   - **B** zahlen/bezahlen

Module 18
GRUNDLAGEN

Focus Les formalités bancaires

Corrigé page 190

Cochez la bonne traduction en allemand. Même si vous ne connaissez pas tous les mots, faites preuve de capacité de déduction.

1. Je voudrais ouvrir un compte.
   - A Ich möchte ein Konto eröffnen.
   - B Ich möchte Geld sparen.

2. Je vous recommande notre compte courant.
   - A Ich empfehle Ihnen unser Girokonto.
   - B Ich hebe unser Geld ab.

3. Je voudrais transférer l'argent sur mon compte.
   - A Ich möchte für mich Geld abheben.
   - B Ich möchte das Geld auf mein Konto überweisen.

4. Souhaitez-vous retirer de l'argent ?
   - A Möchten Sie mehr Geld sparen?
   - B Möchten Sie Geld abheben?

Focus Le prétérit des verbes de modalité et de *wissen*, savoir

Complétez avec la forme du verbe indiqué au prétérit qui convient.

1. wollen → Ich … ein Konto eröffnen.
   - A wollte
   - B willte
   - C wolltete

2. müssen → Er … zur Bank.
   - A müsste
   - B musste
   - C musstete

3. können → Leider … wir kein Geld abheben.
   - A konnten
   - B kannten
   - C könnten

4. dürfen → Frauen … früher kein eigenes (propre) Bankkonto eröffnen.
   - A dürften
   - B durften
   - C darften

5. sollen → Er sagte mir immer, dass ich für später sparen …
   - A söllte
   - B solltete
   - C sollte

Module 18
GRUNDLAGEN

6. wissen ➜ ... ihr nicht, dass die Bank geschlossen ist?

   A Wusstet   **B** Wisstet   **C** Wusstetet

> **Astuce** Au prétérit, le radical des verbes de modalité et du verbe **wissen** est le même à toutes les personnes et les terminaisons sont **-te, -test, -te, -ten, -tet, -ten**. Exemple **mögen** : **ich mochte, du mochtest, er/sie/es mochte, wir mochten, ihr mochtet, sie/Sie mochten.**

Focus — La tournure *würde gern,* aimerais bien + verbe à l'infinitif

Reconstituez chaque phrase à partir des éléments donnés.

1. würde / gern / ich / eröffnen / ein Konto

   A Ich würde gern ein Konto eröffnen.

   B Ich eröffnen gern ein Konto würde.

2. würde / er / gern / Geld / abheben

   A Er gern würde Geld abheben.

   B Er würde gern Geld abheben.

3. würden / gern / ein Konto / Sie / eröffnen?

   A Würden Sie eröffnen ein Konto gern?

   B Würden Sie gern ein Konto eröffnen?

4. würdest / gern / ein Konto / du / was für / eröffnen?

   A Was für ein Konto würdest du gern eröffnen?

   B Was für würdest du gern ein Konto eröffnen?

Corrigé page 190

Focus — Les heures d'ouverture et de fermeture

Cochez la bonne traduction en allemand. Pour 1 et 2, il peut y avoir plusieurs réponses possibles.

1. La banque est fermée.

   A Die Bank hat auf.

   B Die Bank hat zu.

   C Die Bank ist geschlossen.

   D Die Bank ist geöffnet.

Module 18
GRUNDLAGEN

Corrigé page 190

2. La banque est ouverte.
   - A Die Bank hat auf.
   - B Die Bank hat zu.
   - C Die Bank ist geschlossen.
   - D Die Bank ist geöffnet.

3. La banque ferme à 20 heures.
   - A Die Bank schließt um 20 Uhr.
   - B Die Bank öffnet um 20 Uhr.

4. La banque ouvre à 10 heures.
   - A Die Bank schließt um 10 Uhr.
   - B Die Bank öffnet um 10 Uhr.

Focus Les signes mathématiques

Cochez la bonne traduction en allemand.

1. +
   - A plus
   - B minus
   - C mal

2. :
   - A mal
   - B gleich
   - C geteilt durch

3. –
   - A plus
   - B minus
   - C mal

4. x
   - A plus
   - B minus
   - C mal

5. =
   - A gleich
   - B geteilt durch
   - C mal

Focus Dialogue : *bei der Bank, à la banque*

Complétez avec les mots qui conviennent.

1. A: ... Tag! Wie kann ich Ihnen ...?
   - A Gute / machen
   - B Guten / helfen
   - C Guten / sagen

Module 18
GRUNDLAGEN

2. B: Ich würde gern ... Konto ...

   A ein / eröffnen

   B eine / überweisen

   C einen / abheben

   Corrigé page 190

3. A: Aber gerne, nehmen Sie bitte ... . Was für ein ... möchten Sie?

   A Konto / Platz

   B setzen / Konto

   C Platz / Konto

4. B: Ein ... . Wir brauchen zwei ...

   A Girokonto / Debitkarten

   B Platz / Debitkarten

   C Geld / Konten

5. A: Ich ... Ihnen ... Konto Giro Plus.

   A sage / den

   B schicke / das

   C empfehle / das

6. B: ... gut. Ich ... also das Konto Giro Plus.

   A Sehr / nehme

   B Zu / lasse

   C Viel / habe

7. A: Füllen Sie bitte das ... aus. Haben Sie Ihren ... dabei?

   A Ausweis / Geld

   B Formular / Ausweis

   C Formular / gespart

8. B: Ja, ich habe meinen ... dabei. Hier ... schön.

   A Geld / danke

   B Formular / bitte

   C Reisepass / bitte

Module 18
WORTSCHATZ

9. A: Danke. Ich ... eine Fotokopie davon. (...) So Herr Martin. Haben Sie noch ...?
   - **A** schreibe / Antworten
   - **B** gebe / Zeit
   - **C** mache / Fragen

10. B: Nein, vielen ... Auf ...
    - **A** Bitte / Wiedersehen.
    - **B** Dank / bald.
    - **C** Dank / Wiedersehen.

Corrigé page 190

Verbes

ab/heben (Geld ~)	*retirer (~ de l'argent)*
aus/füllen (Formular ~)	*remplir (~ un formulaire)*
aus/geben (Geld ~)	*dépenser (~ de l'argent)*
eröffnen (ein Konto ~)	*ouvrir (~ un compte)*
sparen	*économiser*
überweisen (Geld auf ein Konto ~)	*verser (~ de l'argent sur un compte)*
verdienen	*gagner (~ de l'argent)*
zählen	*compter*

Noms

die Bank (en)	*banque*
die Bank (¨e)	*banc*
der Bankautomat (en)	*distributeur automatique*
das Bargeld (sing.)	*argent liquide*
die Debitkarte (n)	*carte de débit*

Module 18
WORTSCHATZ

das Geld (sing.)	*argent*
der Geldbeutel (-)	*porte-monnaie*
die Geldmünze (n)	*pièce de monnaie*
der Geldschein (e)	*billet*
das Girokonto (sing.)	*compte courant*
das Formular (e)	*formulaire*
das Konto (Konten)	*compte*
die Kreditkarte (n)	*carte de crédit*

Signes mathématiques

geteilt durch	:
gleich	=
mal	x
minus	–
plus	+

Adjectifs et adverbes

selbstverständlich	*évidemment*
unmöglich	*impossible*
zu viel	*trop*

Module 18
LÖSUNGEN

Grundlagen

VOTRE SCORE :

PAGE 182
L'argent
1 **B** 2 **C** 3 **A** 4 **A** 5 **A** 6 **B** 7 **C** 8 **B** 9 **C**

PAGE 183
À ne pas confondre
1 **A** 2 **B** 3 **A** 4 **B** 5 **B** 6 **A**
1 **B** 2 **A** 3 **A** 4 **B** 5 **A** 6 **B**

PAGE 184
Les formalités bancaires
1 **A** 2 **A** 3 **B** 4 **B**

PAGE 184
Le prétérit des verbes de modalité et de **wissen**, *savoir*
1 **A** 2 **B** 3 **A** 4 **B** 5 **C** 6 **A**

PAGE 185
La tournure **würde gern**, *aimerais bien* + verbe à l'infinitif
1 **A** 2 **B** 3 **B** 4 **A**

PAGE 185
Les heures d'ouverture et de fermeture
1 **B**/**C** 2 **A**/**D** 3 **A** 4 **B**

PAGE 186
Les signes mathématiques
1 **A** 2 **C** 3 **B** 4 **C** 5 **A**

PAGE 186
Dialogue : **bei der Bank**, *à la banque*
1 **B** 2 **A** 3 **C** 4 **A** 5 **C** 6 **A** 7 **B** 8 **C** 9 **C** 10 **C**

Vous avez obtenu entre 0 et 18 ? Revoyez chaque question en prenant un ouvrage de référence du niveau A2, comme *Objectif Langues* (Assimil).
Vous avez obtenu entre 19 et 27 ? C'est encore assez moyen. Revoyez vos erreurs toujours en vous aidant d'un ouvrage de référence.
Vous avez obtenu entre 28 et 40 ? C'est bien. Analysez vos erreurs et si besoin est révisez les points que vous ne maîtrisez pas complètement.
Vous avez obtenu entre 41 et 49 ? C'est très bien. Soyez vigilant aux fautes d'attention.
Vous avez obtenu 50 et plus ? Bravo. Vous pouvez passer au niveau supérieur.

Module 19
GRUNDLAGEN

Focus **Les commerces**

Cochez la bonne traduction en allemand.

Corrigé page 202

1. la boulangerie
   - **A** die Bäckerei
   - **B** die Konditorei

2. la boucherie
   - **A** die Fleischerei
   - **B** die Reinigung

3. le magasin de jouets
   - **A** die Buchhandlung
   - **B** das Spielwarengeschäft

4. la librairie
   - **A** die Buchhandlung
   - **B** das Schreibwarengeschäft

5. la papeterie
   - **A** die Reinigung
   - **B** das Schreibwarengeschäft

6. la teinturerie/le pressing
   - **A** das Juweliergeschäft
   - **B** die Reinigung

7. la bijouterie
   - **A** das Juweliergeschäft
   - **B** das Schreibwarengeschäft

8. la pâtisserie
   - **A** die Bäckerei
   - **B** die Konditorei

9. le magasin de fruits et légumes/le primeur
   - **A** der Obst- und Gemüseladen
   - **B** das Spielwarengeschäft

10. le magasin de mode/prêt à porter
    - **A** das Juweliergeschäft
    - **B** das Modegeschäft

11. le coiffeur
    - **A** die Apotheke
    - **B** der Frisör

Module 19
GRUNDLAGEN

12. le magasin de chaussures
    - **A** das Spielwarengeschäft
    - **B** das Schuhgeschäft

13. le supermarché
    - **A** der Supermarkt
    - **B** der Markt

14. la pharmacie
    - **A** die Apotheke
    - **B** die Fleischerei

15. le marché
    - **A** der Supermarkt
    - **B** der Markt

Cochez le commerce qui convient en fonction du contexte.

1. Ich muss Medikamente kaufen.
   - **A** Ich gehe in die Apotheke.
   - **B** Ich gehe in die Reinigung.
   - **C** Ich gehe in den Supermarkt.

2. Ich möchte einen Roman *(roman)* kaufen.
   - **A** Ich gehe in die Apotheke.
   - **B** Ich gehe in die Buchhandlung.
   - **C** Ich gehe in die Bäckerei.

3. Mein Kleid hat Flecken *(taches)*.
   - **A** Ich gehe in die Apotheke.
   - **B** Ich gehe in die Konditorei.
   - **C** Ich gehe in die Reinigung.

4. Ich möchte mir die Haare schneiden lassen.
   - **A** Ich gehe in die Reinigung.
   - **B** Ich gehe in die Konditorei.
   - **C** Ich gehe zum Frisör.

Corrigé page 202

Module 19
GRUNDLAGEN

5. Ich brauche Hefte, Papier, Stifte.

    A Ich gehe in die Reinigung.

    B Ich gehe ins Schreibwarengeschäft.

    C Ich gehe in die Bäckerei.

6. Ich möchte Brezel und Brötchen kaufen.

    A Ich gehe in die Bäckerei.

    B Ich gehe ins Schreibwarengeschäft.

    C Ich gehe in die Apotheke.

Focus — Vocabulaire utile dans un magasin

Corrigé page 202

Complétez avec le mot qui convient.

1. Welche ... haben Sie? *Quelle taille faites-vous ?*

    A Größe **B** Stock **C** groß

2. Das finden Sie in der ... *Vous trouverez ça au rayon femmes.*

    A Damenabteilung **B** Frauengruppe **C** Damenstock

3. Heute beginnt der ... *Les soldes commencent aujourd'hui.*

    A Verkäufer **B** Ausverkauf **C** Verkauf

4. Es gibt bis zu 60% ... *Il y a jusqu'à 60 % de remise.*

    A Rabatt **B** Rechnung **C** Geld

5. Wo sind die ...? *Où sont les cabines d'essayage ?*

    A Abteilungen **B** Umkleidekabinen **C** Stock

6. Frag doch die ... *Demande donc à la vendeuse.*

    A Verkäuferin **B** Verkäufer **C** Käuferin

7. Das rote Kleid ... dir besser. *La robe rouge te va mieux.*

    A geht **B** steht **C** läuft

Module 19
GRUNDLAGEN

8. Möchten Sie es ...? *Souhaitez-vous l'essayer ?*

   A versuchen **B** anprobieren **C** schmecken

Focus **Le superlatif : l'adjectif attribut**

Corrigé page 202

Cochez la bonne forme de l'adjectif attribut au superlatif.

1. teuer → Diese Schuhe sind ...

   A teuersten **B** am teuersten **C** teurer

2. billig → Dieser Pulli ist ...

   A am billigersten **B** die billigeren **C** am billigsten

3. schön → Welcher Rock ist ...?

   A am schönsten **B** am schönersten **C** schönerst

4. bequem → Diese Schuhe sind ...

   A am bequemsten **B** am bequemster **C** bequemsten

5. alt → Wer ist ...?

   A am altersten **B** am ältesten **C** ältester

Astuce Le superlatif d'un adjectif attribut se forme avec **am** + la terminaison **(e)sten** à la fin de l'adjectif. Le **e** phonétique est généralement ajouté aux adjectifs qui se terminent par **d, t, s, β, z** ou **x**. Les monosyllabes prennent généralement un **Umlaut** (inflexion) sur **a, o** ou **u**.

Focus **Le superlatif : l'adjectif épithète**

Complétez avec le contraire des superlatifs soulignés.

1. Du bist die <u>beste</u> Schülerin ≠ die ... Schülerin.

   A weiteste **B** schlechteste **C** langsamste

2. Wo war heute der <u>kälteste</u> Tag ≠ der ... Tag?

   A weiteste **B** schlechteste **C** wärmste

Module 19
GRUNDLAGEN

3. Er hat das <u>teuerste</u> Auto ≠ das ... Auto gekauft.
   - **A** billigste
   - **B** schnellste
   - **C** beste

4. Ich schlafe im <u>kleinsten</u> Zimmer ≠ ... Zimmer.
   - **A** dicksten
   - **B** größten
   - **C** weitesten

5. Was ist die <u>dunkelste</u> Farbe ≠ die ... Farbe?
   - **A** hellste
   - **B** schönste
   - **C** glücklichste

6. Das waren die die <u>einfachsten</u> Übungen ≠ die ... Übungen.
   - **A** schlimmsten
   - **B** schlechtesten
   - **C** schwierigsten

7. Wir nehmen den <u>kürzesten</u> Weg ≠ der ... Weg.
   - **A** breitesten
   - **B** längsten
   - **C** größten

8. die <u>reichsten</u> Länder ≠ die ... Länder
   - **A** ärmsten
   - **B** kleinsten
   - **C** weitesten

9. Die <u>höchsten</u> Temperaturen ≠ die ... Temperaturen des Jahres.
   - **A** kleinsten
   - **B** wärmsten
   - **C** tiefsten

Astuce Employé comme adjectif épithète, le superlatif prend la marque (e)st + la terminaison de la déclinaison. La règle du **e** phonétique est la même que pour le superlatif comme adjectif attribut. Les monosyllabes prennent généralement un **Umlaut** (inflexion) sur **a**, **o** ou **u**.

Focus Le superlatif : les exceptions

Cochez la bonne forme de l'adjectif qualificatif au superlatif.

Corrigé page 202

1. gut → Das sind die ... Sportschuhe.
   - **A** gutesten
   - **B** besseren
   - **C** besten

2. nah → Wo ist das ... Geschäft?
   - **A** nähste
   - **B** nachste
   - **C** nächste

3. viel → Ich habe ... eingekauft.
   - **A** am meisten
   - **B** am mehrsten
   - **C** am größten

Module 19
GRUNDLAGEN

Focus Le conditionnel présent (= subjonctif II hypothétique en allemand)

Cochez la bonne traduction en allemand.

1. Je prendrais les chaussures rouges.
   - **A** Ich würde die roten Schuhe nehmen.
   - **B** Ich würde die roten Schuhe genommen.

2. Tu achèterais des chaussures claires ou foncées ?
   - **A** Wirst du helle oder dunkle Schuhe kaufen?
   - **B** Würdest du helle oder dunkle Schuhe kaufen?

3. Elle irait au marché.
   - **A** Sie würdet auf den Markt gegangen.
   - **B** Sie würde auf den Markt gehen.

4. Nous lui achèterions un livre.
   - **A** Wir würden ihm ein Buch kaufen.
   - **B** Wir werden ihm ein Buch kaufen.

5. Vous achèteriez tout en ligne ?
   - **A** Würdet ihr alles online kaufen?
   - **B** Würdet ihr alles online gekauft?

6. Mes parents iraient dans un grand magasin.
   - **A** Meine Eltern würden in ein Kaufhaus gegangen.
   - **B** Meine Eltern würden in ein Kaufhaus gehen.

Astuce Excepté pour les auxiliaires, les verbes modaux et quelques verbes très courants, le conditionnel présent se forme avec **werden** au conditionnel (**würde**, **würdest**, etc.) + l'infinitif du verbe en fin de proposition.

Module 19
GRUNDLAGEN

Focus — Le conditionnel présent des verbes *haben* et *sein*

Complétez avec la forme du verbe au conditionnel présent qui convient.

Corrigé page 202

1. Ich ... gern bei dir. *Je serais volontiers auprès de toi.*
   - **A** wäre
   - **B** war
   - **C** bin

2. ... du woanders glücklicher? *Serais-tu plus heureux ailleurs ?*
   - **A** Warest
   - **B** Wärst
   - **C** Warst

3. Wir ... bestimmt mehr Zeit. *Nous aurions sûrement plus de temps.*
   - **A** häbten
   - **B** hätten
   - **C** hatten

4. Er ... mehr Geld. *Il aurait plus d'argent.*
   - **A** hättet
   - **B** hattet
   - **C** hätte

5. Es ... besser. *Ce serait mieux.*
   - **A** ware
   - **B** wäre
   - **C** wärt

6. Ich ... ein großes Haus. *J'aurais une grande maison.*
   - **A** häbte
   - **B** hatte
   - **C** hätte

7. ... Sie damit einverstanden? *Seriez-vous d'accord avec ça ?*
   - **A** Waren
   - **B** Wären
   - **C** Sind

8. ... ihr etwas Geld für mich? *Vous auriez un peu d'argent pour moi ?*
   - **A** Hättet
   - **B** Häbtet
   - **C** Hattet

9. ... du etwas Geld für mich? *Tu aurais un peu d'argent pour moi ?*
   - **A** Häst
   - **B** Hattest
   - **C** Hättest

10. ... ihr damit einverstanden? *Vous seriez d'accord avec ça ?*
    - **A** Wart
    - **B** Wärtet
    - **C** Wärt

11. Klar ... wir damit einverstanden. *Bien sûr que nous serions d'accord avec ça.*
    - **A** waren
    - **B** wären
    - **C** sind

Module 19
GRUNDLAGEN

12. Meine Eltern ... damit nicht einverstanden. *Mes parents ne seraient pas d'accord avec ça.*

    A wären   **B** wärten   **C** warten

13. Deine Eltern ... mehr Zeit. *Tes parents auraient plus de temps.*

    A hätten   **B** häben   **C** hatten

14. Sie ... nicht so viel Arbeit. *Vous n'auriez pas autant de travail.*

    A hätten   **B** häben   **C** hatten

Focus — **Le conditionnel présent des verbes de modalité *können*, *müssen*, *mögen* et *sollen***

Corrigé page 202

Complétez avec la forme du verbe au conditionnel présent qui convient.

1. ... Sie mir bitte helfen? *Pourriez-vous m'aider s'il vous plaît ?*

    A Kannten   **B** Konnteten   **C** Könnten

2. ... ihr etwas früher kommen? *Pourriez-vous venir un peu plus tôt ?*

    A Konntet   **B** Könntet   **C** Kenntet

3. Du ... ihn mal fragen. *Tu pourrais lui demander.*

    A kenntest   **B** kanntest   **C** könntest

4. Wir ... ihn kennenlernen. *Nous aimerions faire sa connaissance.*

    A möchten   **B** mögten   **C** magten

5. Ich ... hier bleiben. *J'aimerais rester ici.*

    A mochte   **B** möchte   **C** magte

6. Ihr ... weniger rauchen. *Vous devriez fumer moins.*

    A sölltet   **B** sollt   **C** solltet

Module 19
GRUNDLAGEN

7. Das ... Sie wissen. *Vous devriez le savoir.*

   A sollten   **B** söllten   **C** sollteten

8. Er ... das nicht tun. *Il ne devrait pas faire ça.*

   A solltet   **B** sollte   **C** solltet

> **Astuce** Au conditionnel présent, le radical des verbes de modalité est le même à toutes les personnes et les terminaisons sont **-te, -test, -te, -ten, -tet, -ten**.

Focus Les courses/les achats

Corrigé page 202

Complétez ces phrases au conditionnel comme il convient.

1. Ich ... 1 Kilo Weintrauben bitte. *J'aimerais 1 kg de raisin s'il vous plaît.*

   A hätte gern   **B** würde mögen

2. Ich ... Ihnen das grüne Kleid ... *Je vous conseillerais la robe verte.*

   A würde / empfehlen   **B** werde / empfehlen

3. ... Sie 20 Cents? *Vous auriez 20 centimes ?*

   A Würden haben   **B** Hätten

4. Ich ... gern die schwarzen Schuhe ... *J'aimerais essayer les chaussures noires.*

   A würde / anprobiert   **B** würde / anprobieren

5. ... Sie mir bitte ...? *Vous pourriez m'aider s'il vous plaît ?*

   A Könnten / helfen   **B** Könnten / geholfen

6. Wie ... Sie ...? *Comment souhaitez-vous payer ?*

   A möchten / gezahlt   **B** möchten / zahlen

Module 19
WORTSCHATZ

Verbes

an/probieren	*essayer* (des vêtements)
online kaufen	*acheter en ligne*
jdm gut/nicht gut stehen	*bien/ne pas bien aller à qqn*
zahlen	*payer*

Noms

die Abteilung (en) → die Damenabteilung	*rayon → rayon femmes*
die Apotheke (n)	*pharmacie*
der Ausverkauf *(sing.)*	*soldes*
die Bäckerei (en)	*boulangerie*
die Brezel (n)	*bretzel*
die Buchhandlung (en)	*librairie*
die Fleischerei (en)	*boucherie*
der Frisör (e)	*coiffeur*
das Geschäft (e) → das Mode-, Schreibwaren-, Schuh-, Spielwarengeschäft	*magasin → magasin de mode, librairie, de chaussures, de jouets*
die Größe (n)	*taille* (vêtement)
das Juweliergeschäft (e)	*bijouterie*
die Konditorei (en)	*pâtisserie*
der Laden (¨) → Obst- und Gemüseladen	*boutique → boutique de fruits et légumes (primeur)*
der Markt (¨e)	*marché*
das Medikament (e)	*médicament*
das Papier *(sing.)*	*papier*

Module 19
WORTSCHATZ

der Rabatt (e)	*remise, rabais*
die Reinigung (en)	*teinturerie/pressing*
der Sportschuhe (e)	*chaussure de sport*
der Supermarkt (¨e)	*supermarché*
der Verkäufer/-in (- /-nen)	*vendeur/se*
die Umkleidekabine (n)	*cabine d'essayage*
das Warenhaus (¨er)	*grand magasin*

Adjectifs

bequem	*confortable*
billig	*bon marché*
einfach	*facile/simple*
schlecht	*mauvais*
schwierig	*difficile*
tief	*bas*
weit	*loin*

Superlatifs irréguliers

am besten/der beste	le mieux/le meilleur
am meisten/die meisten	le plus/la plupart
am nächsten/der nächtse	le plus proche

Module 19
LÖSUNGEN

Grundlagen

PAGES 191-192
Les commerces
1 **A** 2 **A** 3 **B** 4 **A** 5 **B** 6 **B** 7 **A** 8 **B** 9 **A** 10 **B** 11 **B** 12 **B** 13 **A** 14 **A** 15 **B**
1 **A** 2 **B** 3 **C** 4 **C** 5 **B** 6 **A**

PAGE 193
Vocabulaire utile dans un magasin
1 **A** 2 **A** 3 **B** 4 **A** 5 **B** 6 **A** 7 **B** 8 **B**

PAGE 194
Le superlatif : l'adjectif attribut
1 **B** 2 **C** 3 **A** 4 **A** 5 **B**

PAGE 194
Le superlatif : l'adjectif épithète
1 **B** 2 **C** 3 **A** 4 **B** 5 **A** 6 **C** 7 **B** 8 **A** 9 **C**

PAGE 195
Le superlatif : les exceptions
1 **C** 2 **C** 3 **A**

PAGE 196
Le conditionnel présent (= subjonctif II hypothétique en allemand)
1 **A** 2 **B** 3 **B** 4 **A** 5 **A** 6 **B**

PAGE 197
Le conditionnel présent des verbes **haben** et **sein**
1 **A** 2 **B** 3 **B** 4 **C** 5 **B** 6 **C** 7 **B** 8 **A** 9 **C** 10 **C** 11 **B** 12 **A** 13 **A** 14 **A**

PAGE 198
Le conditionnel présent des verbes de modalité **können**, **müssen**, **mögen** et **sollen**
1 **C** 2 **B** 3 **C** 4 **A** 5 **B** 6 **C** 7 **A** 8 **B**

PAGE 199
Les courses/les achats
1 **A** 2 **A** 3 **B** 4 **B** 5 **A** 6 **B**

Vous avez obtenu entre 0 et 28 ? Revoyez chaque question en prenant un ouvrage de référence du niveau A2, comme *Objectif Langues* (Assimil).

Vous avez obtenu entre 29 et 40 ? C'est encore assez moyen. Revoyez vos erreurs toujours en vous aidant d'un ouvrage de référence.

Vous avez obtenu entre 41 et 60 ? C'est bien. Analysez vos erreurs et si besoin est révisez les points que vous ne maîtrisez pas complètement.

Vous avez obtenu entre 61 et 71 ? C'est très bien. Soyez vigilant aux fautes d'attention.

Vous avez obtenu 72 et plus ? Bravo. Vous pouvez passer au niveau supérieur.

Module 20
GRUNDLAGEN

Focus — Les services/organismes publics

Cochez la bonne traduction en allemand.

Corrigé page 213

1. la mairie
   - **A** das Rathaus
   - **B** der Bürgermeister
   - **C** die Botschaft

2. l'ambassade
   - **A** das Rathaus
   - **B** das Konsulat
   - **C** die Botschaft

3. la police
   - **A** das Konsulat
   - **B** die Polizei
   - **C** die Post

4. le consulat
   - **A** das Konsulat
   - **B** der Bürgermeister
   - **C** das Rathaus

5. la Poste
   - **A** die Post
   - **B** die Botschaft
   - **C** die Polizei

Focus — À la Poste

Complétez avec le terme qui convient.

1. Ich möchte ein ... nach Hamburg verschicken. *J'aimerais envoyer un paquet à Hambourg.*
   - **A** Brief
   - **B** Paket
   - **C** Päckchen

2. Ich möchte auch diesen ... verschicken. *J'aimerais aussi envoyer cette lettre.*
   - **A** Brief
   - **B** Paket
   - **C** Briefmarke

3. Ich habe ein ... bekommen. *J'ai reçu un petit paquet.*
   - **A** Brief
   - **B** Paket
   - **C** Päckchen

4. Ich brauche auch zwei ... *J'ai également besoin de deux timbres.*
   - **A** Briefmarken
   - **B** Empfänger
   - **C** Postkarten

5. Gehen Sie zum ... 6. *Allez au guichet 6.*
   - **A** Schalter
   - **B** Empfänger
   - **C** Postkarten

Module 20
GRUNDLAGEN

6. Geben Sie hier die Adresse des ... an. *Indiquez ici l'adresse du destinataire.*
   - **A** Senders
   - **B** Empfängers
   - **C** Schalter

7. Geben Sie hier die Adresse des ... an. *Indiquez ici l'adresse de l'expéditeur.*
   - **A** Senders
   - **B** Empfängers
   - **C** Briefmarke

Complétez ces mots composés avec le deuxième terme qui convient.

1. der Brief... *(le facteur)*
   - **A** mann
   - **B** kasten
   - **C** träger

2. die Brief... *(la factrice)*
   - **A** trägerin
   - **B** frau
   - **C** träger

3. der Brief... *(la boîte aux lettres)*
   - **A** marke
   - **B** kasten
   - **C** träger

4. die Brief... *(le timbre)*
   - **A** marke
   - **B** kasten
   - **C** träger

Focus À la police

Cochez la bonne traduction en allemand.

Corrigé page 213

1. le sac
   - **A** die Tasche
   - **B** die Brieftasche

2. le porte-monnaie
   - **A** die Tasche
   - **B** der Geldbeutel

3. le portefeuille
   - **A** die Brieftasche
   - **B** der Unfall

4. l'accident
   - **A** die Brieftasche
   - **B** der Unfall

5. le portable
   - **A** das Handy
   - **B** die Hand

Module 20
GRUNDLAGEN

Complétez avec le verbe qui convient.

1. Ich habe meinen Pass … *J'ai perdu mon passeport.*
   - **A** gestohlen
   - **B** verloren

2. Mir wurde mein Pass … *On m'a volé mon passeport. (litt. à moi a été volé mon passeport)*
   - **A** gestohlen
   - **B** verloren

3. Ich möchte einen Unfall … *J'aimerais déclarer un accident.*
   - **A** melden
   - **B** anrufen

Focus Accusatif ou datif ?

Complétez avec la préposition déclinée comme il convient.

Corrigé page 213

1. Ich gehe … Rathaus.* *Je vais à la mairie.*
   - **A** aufs (= auf das)/ins
   - **B** auf dem/im

2. Ich gehe … Post.* *Je vais à la Poste.*
   - **A** auf die/zur
   - **B** auf der/zu die

3. Ich muss … Polizei gehen. *Je dois aller à la police.*
   - **A** zu die
   - **B** zur

4. Morgen gehe ich … deutschen Konsulat. *Demain, je vais au consulat allemand.*
   - **A** zu den
   - **B** zum

5. Ich muss … deutschen Botschaft gehen. *Je dois aller à l'ambassade d'Allemagne.*
   - **A** zu die
   - **B** zur

6. Wir haben … Rathaus geheiratet. *Nous nous sommes mariés à la mairie.*
   - **A** ins
   - **B** im

7. Ich war schon … Post. *Je suis déjà allé à la Poste. (litt. J'étais déjà…)*
   - **A** auf die
   - **B** auf der

Module 20
GRUNDLAGEN

8. Warum warst du … Polizei? *Pourquoi es-tu allé à la police ? (litt. étais-tu…)*

   A bei die   **B** bei der

9. Er arbeitet … Konsulat. *Il travaille au consulat.*

   A bei den   **B** beim

10. Waren Sie schon einamal … deutschen Botschaft? *Êtes-vous déjà allé à l'ambassade d'Allemagne ? (litt. étiez-vous…)*

    A bei die   **B** bei der

Corrigé page 213

* Ces termes peuvent se construire avec deux prépositions différentes.

Déterminez si la préposition indiquée est accusative, dative ou mixte.

1. auf

   A accusative   **B** dative   **C** mixte

2. bei

   A accusative   **B** dative   **C** mixte

3. in

   A accusative   **B** dative   **C** mixte

4. zu

   A accusative   **B** dative   **C** mixte

Focus — Phrases introduisant une proposition infinitive avec *zu*, de/à

Cochez la bonne traduction en allemand.

1. Il est interdit de …

   A Es ist wichtig zu …

   B Es ist verboten zu …

2. Il est important de …

   A Es ist wichtig zu …

   B Es ist gesund zu …

Module 20
GRUNDLAGEN

3. Il est difficile de …
   - **A** Es ist schwer zu …
   - **B** Es ist verboten zu …

   Corrigé page 213

4. Il est permis de …
   - **A** Es ist erlaubt zu …
   - **B** Es ist wichtig zu …

5. C'est sain/bon pour la santé de …
   - **A** Es ist gesund zu …
   - **B** Es ist besser zu …

6. C'est mieux de …
   - **A** Es ist wichtig zu …
   - **B** Es ist besser zu …

7. Je (n')ai (pas) envie de …
   - **A** Ich habe (keine) Lust zu …
   - **B** Ich habe (keine) Zeit zu …

8. Je (n')ai (pas) le temps de …
   - **A** Ich habe (keine) Lust zu …
   - **B** Ich habe (keine) Zeit zu …

9. Je (n')ai (pas) pensé à …
   - **A** Ich habe (nicht) daran gedacht zu …
   - **B** Ich habe (nicht) vergessen zu …

10. Je (n')ai (pas) oublié de …
    - **A** Ich habe (nicht) daran gedacht zu …
    - **B** Ich habe (nicht) vergessen zu …

Module 20
GRUNDLAGEN

Focus Syntaxe de la proposition infinitive avec *zu*, de/à

Complétez avec la proposition infinitive qui convient.

Corrigé page 213

1. Es ist besser, ...
   - **A** zur Post gehen zu.
   - **B** zu zur Post gehen.
   - **C** zur Post zu gehen.

2. Hast du Zeit, ...
   - **A** zu kaufen Briefmarken..
   - **B** Briefmarken zu kaufen.
   - **C** zu Briefmarken kaufen.

3. Ich habe vergessen, ...
   - **A** das Päckchen zu verschicken.
   - **B** zu verschicken das Päckchen.
   - **C** zu das Päckchen verschicken.

4. Ich habe vergessen, ...
   - **A** zu das Päckchen abholen.
   - **B** abzuholen das Päckchen.
   - **C** das Päckchen abzuholen.

5. Ich habe nicht daran gedacht, ...
   - **A** zu die Briefe verschicken.
   - **B** die Briefe zu verschicken.
   - **C** zu verschicken die Briefe.

Astuce La proposition infinitive est placée en fin de phrase avec **zu** placé directement devant l'infinitif. Dans le cas d'un verbe à particule séparable, **zu** est placé entre la particule et le verbe.

Module 20
GRUNDLAGEN

Focus *Zu* ou pas *zu* ?

Cochez la fin de phrase qui convient.

1. Es ist verboten …
   - **A** rauchen
   - **B** zu rauchen

2. Du darfst nicht …
   - **A** rauchen
   - **B** zu rauchen

3. Ich freue mich, dich …
   - **A** sehen
   - **B** zu sehen

4. Es ist gesund, Sport …
   - **A** machen
   - **B** zu machen

5. Du sollst mehr Sport …
   - **A** machen
   - **B** zu machen

6. Ich habe dreimal versucht, dich…
   - **A** anrufen
   - **B** anzurufen

7. Du musst die Polizei …
   - **A** anrufen
   - **B** anzurufen

Corrigé page 213

Focus Dialogue : *die Brieftasche*, le portefeuille

Complétez avec les mots qui conviennent.

1. A: Mist *(mince/zut)*, ich habe meine Brieftasche … oder sie wurde mir …
   - **A** verloren / gestohlen
   - **B** vergessen / gefunden
   - **C** gesucht / verloren

Module 20
GRUNDLAGEN

2. B: Bist du sicher, dass sie nicht in deiner ... ist.
   - **A** Rathaus
   - **B** Briefkasten
   - **C** Tasche

3. A: Nein, da ist ... nicht. Das ist wirklich *(vraiment)* ... ärgerlich *(embêtant)*.
   - **A** es / viel
   - **B** er / zu
   - **C** sie / sehr

4. B: Nur keine Panik! *(Pas de panique)* Vielleicht hast du ... und jemand ... sie dir zurück.
   - **A** Pech / bringt
   - **B** Glück / bringt
   - **C** Pech / kommt

5. A: ... aber ich muss jetzt zur ...
   - **A** Hoffentlich / Polizei
   - **B** Bitte / Bäckerei
   - **C** Pech / Konditorei

6. B: ... kurz mal. Ich ... mit dir.
   - **A** Bleib / bin
   - **B** Fahr / bleibe
   - **C** Warte / komme

Corrigé page 213

Module 20
WORTSCHATZ

Verbes

ab/holen	*aller chercher*
erklären	*expliquer*
melden	*déclarer*
stehlen → gestohlen	*voler → volé*
verlieren → verloren	*perdre → perdu*
verschicken	*envoyer*

Noms

die Botschaft (en)	*ambassade*
der Brief (e)	*lettre*
der Briefkasten (¨)	*boîte aux lettres*
die Briefmarke (n)	*timbre*
die Brieftasche (n)	*portefeuille*
der Briefträger/in (-/nen)	*facteur/trice*
der Empfänger (-)	*récepteur*
der Geldbeutel (-)	*porte-monnaie*
das Konsulat (e)	*consulat*
das Päckchen (-)	*petit paquet*
das Paket (e)	*paquet*
die Polizei (sing.)	*police*
die Post (sing.)	*Poste*
die Postkarte (n)	*carte postale*
das Rathaus (¨er)	*mairie*
der Schalter (-)	*guichet*
der Sender (-)	*émetteur*

Module 20
WORTSCHATZ

die Tasche (n)	*sac*
der Unfall (¨e)	*accident*

Tournures régissant une infinitive avec zu, à/de

daran denken zu	*penser*
es ist besser zu	*c'est mieux*
es ist erlaubt zu	*il est permis*
es ist gesund zu	*c'est sain/bon pour la santé*
Lust haben zu	*avoir envie*
es ist schwer zu	*c'est difficile*
es ist verboten zu	*il est interdit*
vergessen zu	*oublier*
es ist wichtig zu	*il est important*
Zeit haben zu	*avoir le temps*
zu + inf.	*à/de + inf.*

Module 20
LÖSUNGEN

Grundlagen

PAGE 203
Les services/organismes publics
1 **A**   2 **C**   3 **B**   4 **A**   5 **A**

PAGES 203-204
À la Poste
1 **B**   2 **A**   3 **C**   4 **A**   5 **A**   6 **B**   7 **A**
1 **C**   2 **A**   3 **B**   4 **A**

PAGES 204-205
À la police
1 **A**   2 **B**   3 **A**   4 **B**   5 **A**
1 **B**   2 **A**   3 **A**

PAGES 205-206
Accusatif ou datif ?
1 **A**   2 **A**   3 **B**   4 **B**   5 **B**   6 **B**   7 **B**   8 **B**   9 **B**   10 **B**
1 **C**   2 **B**   3 **C**   4 **B**

PAGE 206
Phrases introduisant une proposition infinitive avec **zu**, *de/à*
1 **B**   2 **A**   3 **A**   4 **A**   5 **A**   6 **B**   7 **A**   8 **B**   9 **A**   10 **B**

PAGE 208
Syntaxe de la proposition infinitive avec **zu**, *de/à*
1 **C**   2 **B**   3 **A**   4 **C**   5 **B**

PAGE 209
Zu ou pas **zu** ?
1 **B**   2 **A**   3 **B**   4 **B**   5 **A**   6 **B**   7 **A**

PAGE 209
Dialogue : **die Breiftasche**, *le portefeuille*
1 **A**   2 **C**   3 **C**   4 **B**   5 **A**   6 **C**

Vous avez obtenu entre 0 et 21 ? Revoyez chaque question en prenant un ouvrage de référence du niveau A2, comme *Objectif Langues* (Assimil).

Vous avez obtenu entre 22 et 33 ? C'est encore assez moyen. Revoyez vos erreurs toujours en vous aidant d'un ouvrage de référence.

Vous avez obtenu entre 34 et 49 ? C'est bien. Analysez vos erreurs et si besoin est révisez les points que vous ne maîtrisez pas complètement.

Vous avez obtenu entre 50 et 58 ? C'est très bien. Soyez vigilant aux fautes d'attention.

Vous avez obtenu 59 et plus ? Bravo. Vous pouvez passer au niveau supérieur.

Module 21
GRUNDLAGEN

Focus Le temps/la météo

Cochez la bonne traduction en allemand.

Corrigé page 222

1. le temps (météo)
   - **A** das Wetter
   - **B** das Gewitter
   - **C** der Nebel

2. le soleil
   - **A** die Sonne
   - **B** die Wolke
   - **C** der Himmel

3. la pluie
   - **A** der Schnee
   - **B** die Hitze
   - **C** der Regen

4. la neige
   - **A** der Schnee
   - **B** die Wolke
   - **C** das Gewitter

5. le nuage
   - **A** der Nebel
   - **B** die Wolke
   - **C** der Regen

6. le verglas
   - **A** das Glatteis
   - **B** der Schnee
   - **C** die Hitze

7. la (grosse) chaleur/la canicule
   - **A** das Glatteis
   - **B** der Schnee
   - **C** die Hitze

8. le vent
   - **A** das Glatteis
   - **B** der Wind
   - **C** die Hitze

9. la tempête
   - **A** die Wolke
   - **B** der Nebel
   - **C** der Sturm

10. le brouillard
    - **A** das Glatteis
    - **B** der Nebel
    - **C** der Donner

11. l'orage
    - **A** das Wetter
    - **B** das Gewitter
    - **C** die Hitze

Module 21
GRUNDLAGEN

Focus — Les mots composés avec les noms *Sonne** et *Regen*

Complétez avec la bonne traduction en allemand du mot indiqué entre parenthèses.

1. Ich finde meine … nicht. *(lunettes de soleil)*
   - **A** Sonnenhut
   - **B** Sonnenschirm
   - **C** Sonnenbrille

2. Habt ihr den … dabei? *(parasol)*
   - **A** Sonnenhut
   - **B** Sonnenschirm
   - **C** Sonnenbrille

3. Das ist nicht mein … *(chapeau de soleil)*
   - **A** Sonnenhut
   - **B** Sonnenschirm
   - **C** Sonnenbrille

4. Ich habe keinen … *(parapluie)*
   - **A** Regenmantel
   - **B** Regenschirm
   - **C** Regenbogen

5. Habt ihr den schönen … gesehen? *(arc-en-ciel)*
   - **A** Regenschirm
   - **B** Regenmantel
   - **C** Regenbogen

6. Das ist nicht mein … *(imperméable)*
   - **A** Regenschirm
   - **B** Regenmantel
   - **C** Regenbogen

* Notez le **n** de liaison ajouté à **Sonne**.

Focus — Demander quel temps il fait/a fait/fera

Corrigé page 222

Cochez la bonne traduction en allemand.

1. Quel temps fait-il aujourd'hui ?
   - **A** Was macht das Wetter heute?
   - **B** Wie ist das Wetter heute?

2. Quel temps faisait-il à Berlin ?
   - **A** Wie war das Wetter in Berlin?
   - **B** Wie wurde das Wetter in Berlin?

Module 21
GRUNDLAGEN

3. Quel temps fera-t-il les prochains jours ?

   A Wie wird das Wetter in den nächsten Tagen?

   B Wie wird das Wetter in den nächsten Tagen machen?

Focus Dire le temps qu'il fait

Cochez la bonne traduction en allemand. Les deux réponses peuvent être possibles.

1. Il y a du vent/Il fait du vent.

   A Es ist windig.   **B** Der Wind weht.

2. Il fait soleil/Le soleil brille.

   A Es ist sonnig.   **B** Die Sonne scheint.

3. Il fait froid.

   A Es ist kalt.   **B** Es ist heiß.

4. Il fait chaud.

   A Es ist warm.   **B** Es ist windig.

5. Il fait très chaud.

   A Es ist nebelig.   **B** Es ist heiß.

6. Il pleut.

   A Es regnet.   **B** Es ist bewölkt.

7. Il fait nuageux.

   A Es regnet.   **B** Es ist bewölkt.

8. Il neige.

   A Es schneit.   **B** Es regnet.

9. Il y a du brouillard.

   A Es ist heiß.   **B** Es ist nebelig.

Module 21
GRUNDLAGEN

Focus — La déclinaison d'un groupe nominal sans article

Complétez avec l'adjectif décliné comme il convient. Le cas et le genre ou le nombre des noms sont indiqués entre parenthèses.

1. Was kann man bei … Wetter machen? *(dat. neut.)*
   - **A** schöner
   - **B** schönes
   - **C** schönem

2. Hatten Sie … Wetter? *(acc. neut.)*
   - **A** schönen
   - **B** schönes
   - **C** schönem

3. Wir hatten hier … Regenfälle. *(acc. plur.)*
   - **A** starken
   - **B** starke
   - **C** starker

4. Es ist … Wetter. *(nom. neut.)*
   - **A** schönes
   - **B** schöne
   - **C** schönem

5. … Schnee. *(nom. masc.)*
   - **A** frischen
   - **B** frisch
   - **C** frischer

Astuce Dans un groupe nominal nominatif, accusatif et datif sans article, l'adjectif épithète prend la marque de l'article défini.

Focus — Exprimer une hypothèse réalisable ou non au présent

*Cochez la proposition subordonnée introduite par **wenn** avec la syntaxe qui convient.*

1. Wir machen einen Ausflug (excursion), …
   - **A** wenn schönes Wetter ist.
   - **B** wenn ist schönes Wetter.

2. Wir würden einen Ausflug machen, …
   - **A** wenn wäre schönes Wetter.
   - **B** wenn schönes Wetter wäre.

3. Ich fahre in die Berge, …
   - **A** wenn regnet es nicht.
   - **B** wenn es nicht regnet.

Corrigé page 222

Module 21
GRUNDLAGEN

4. ..., könnten wir in die Berge fahren.
   - **A** Wenn es nicht regnen würde
   - **B** Wenn es nicht würde regnen

5. Wir könnten im Garten essen, ...
   - **A** wenn würde die Sonne scheinen.
   - **B** wenn die Sonne scheinen würde.

Cochez la proposition principale avec la syntaxe qui convient.
Attention à la place qu'elle occupe au sein de la phrase.

1. Wenn es nicht kalt ist, ...
   - **A** (dann) könnt ihr einen Barbecue machen.
   - **B** (dann) ihr einen Barbecue könnt machen.

2. ..., wenn schönes Wetter ist.
   - **A** Ihr einen Barbecue könnt machen
   - **B** Ihr könnt einen Barbecue machen

3. ..., wenn es nicht so kalt wäre.
   - **A** Ich würde gern im Garten essen
   - **B** Ich würde essen gern im Garten

4. Wenn es wärmer wäre, ...
   - **A** wir würden gern essen im Garten.
   - **B** würden wir gern im Garten essen.

Focus Les saisons

Cochez la bonne traduction en allemand.

1. l'été
   - **A** der Sommer
   - **B** der Herbst
   - **C** die Jahreszeit

Module 21
GRUNDLAGEN

2. le printemps
   - **A** der Frühling
   - **B** der Herbst
   - **C** die Jahreszeit

3. l'hiver
   - **A** der Sommer
   - **B** der Winter
   - **C** die Jahreszeit

4. l'automne
   - **A** der Frühling
   - **B** der Herbst
   - **C** der Winter

5. la saison
   - **A** der Frühling
   - **B** der Winter
   - **C** die Jahreszeit

Focus Les points cardinaux

Corrigé page 222

Cochez la bonne traduction en allemand.

1. au sud
   - **A** am Süden
   - **B** in der Süden
   - **C** im Süden

2. au nord
   - **A** am Norden
   - **B** um Norden
   - **C** im Norden

3. à l'ouest
   - **A** am Osten
   - **B** im Westen
   - **C** im Osten

4. à l'est
   - **A** im Osten
   - **B** am Westen
   - **C** am Osten

Focus Quelques phrases autour du temps

Cochez la bonne traduction en allemand.

1. Ah, qu'est-ce qu'il fait chaud aujourd'hui !
   - **A** Oh, ist es heute heiß!
   - **B** Oh, sind es heute heiß!

2. Quelle chaleur !
   - **A** Was für ein Gewitter!
   - **B** Was für eine Hitze!

Module 21
WORTSCHATZ

Corrigé page 222

3. Il fait 36 degrés.
   - **A** Es sind 36 (sechsunddreißig) Grad.
   - **B** Es sind 36 (dreiundsechzig) Grad.

4. Et demain il fera encore plus chaud !
   - **A** Und morgen wird es noch kälter!
   - **B** Und morgen wird es noch heißer!

5. Enfin un Noël blanc !
   - **A** Endlich blaue Weihnachten!
   - **B** Endlich weiße Weihnachten!

6. À partir de lundi, il va faire très froid.
   - **A** Ab Mittwoch wird es sehr kalt.
   - **B** Ab Mittwoch wird es sehr kalt machen.

7. J'aime les hivers froids et les étés chauds.
   - **A** Ich liebe kalten Winter und warmen Sommer.
   - **B** Ich liebe kalte Winter und warme Sommer.

Verbes

regnen	*pleuvoir*
scheinen	*briller* (soleil)
schneien	*neiger*
wehen	*souffler* (vent)

Noms

der Frühling (e)	*printemps*
das Gewitter (sing.)	*orage*
das Glatteis (sing.)	*verglas*
Grad (0, 10... ~)	*degré (0, 10... ~)*
der Herbst (sing.)	*automne*
die Hitze (sing.)	*chaleur (grosse ~), canicule*

Module 21
WORTSCHATZ

die Jahreszeit (en)	*saison*
der Nebel (sing.)	*brouillard*
der Norden (sing.)	*nord*
der Osten (sing.)	*est*
der Regen (sing.)	*pluie*
der Regenbogen (¨)	*arc-en-ciel*
der Regenmantel (¨)	*imperméable*
der Regenschirm (e)	*parapluie*
der Schnee (sing.)	*neige*
der Sommer (-)	*été*
die Sonne (n)	*soleil*
die Sonnenbrille (n)	*lunettes de soleil*
der Sonnenhut (¨e)	*chapeau de soleil*
der Sonnenschirm (e)	*parasol*
der Sturm (¨e)	*tempête*
der Süden (sing.)	*sud*
der Westen (sing.)	*ouest*
das Wetter (sing.)	*temps*
der Wind (sing.)	*vent*
der Winter (-)	*hiver*
die Wolke (n)	*nuage*

Adjectifs

bedeckt	*couvert*
bewölkt	*nuageux*
heiß	*très chaud*
nebelig	*il y a du brouillard*
sonnig	*ensoleillé*
windig	*venteux*

Module 21
LÖSUNGEN

Grundlagen

VOTRE SCORE :

PAGE 214 - Le temps/la météo
1 **A** 2 **A** 3 **C** 4 **A** 5 **B** 6 **A** 7 **C** 8 **B** 9 **C** 10 **B** 11 **B**

PAGE 215 - Les mots composés avec les noms **Sonne** et **Regen**
1 **C** 2 **B** 3 **A** 4 **B** 5 **C** 6 **B**

PAGE 215 - Demander quel temps il fait/a fait/fera
1 **B** 2 **A** 3 **A**

PAGE 216 - Dire le temps qu'il fait
1 **A/B** 2 **A/B** 3 **A** 4 **A** 5 **B** 6 **A** 7 **B** 8 **A** 9 **B**

PAGE 217 - La déclinaison d'un groupe nominal sans article
1 **C** 2 **B** 3 **B** 4 **A** 5 **C**

PAGES 217-218 - Exprimer une hypothèse réalisable ou non au présent
1 **A** 2 **B** 3 **B** 4 **A** 5 **B**
1 **A** 2 **B** 3 **A** 4 **B**

PAGE 218 - Les saisons
1 **A** 2 **A** 3 **B** 4 **B** 5 **C**

PAGE 219 - Les points cardinaux
1 **C** 2 **C** 3 **B** 4 **A**

PAGE 219 - Quelques phrases autour du temps
1 **A** 2 **B** 3 **A** 4 **B** 5 **B** 6 **A** 7 **B**

Vous avez obtenu entre 0 et 19 ? Revoyez chaque question en prenant un ouvrage de référence du niveau A2, comme *Objectif Langues* (Assimil).
Vous avez obtenu entre 20 et 29 ? C'est encore assez moyen. Revoyez vos erreurs toujours en vous aidant d'un ouvrage de référence.
Vous avez obtenu entre 30 et 44 ? C'est bien. Analysez vos erreurs et si besoin est révisez les points que vous ne maîtrisez pas complètement.
Vous avez obtenu entre 45 et 53 ? C'est très bien. Soyez vigilant aux fautes d'attention.
Vous avez obtenu 54 et plus ? Bravo. Vous pouvez passer au niveau supérieur.

Module 22
GRUNDLAGEN

Focus Le corps

Cochez la bonne traduction en allemand.

Corrigé page 231

1. le corps
   - A der Kopf
   - B das Knie
   - C der Körper

2. la tête
   - A der Kopf
   - B das Knie
   - C der Körper

3. la poitrine
   - A die Brust
   - B der Rücken
   - C der Hintern

4. le ventre
   - A die Brust
   - B die Schulter
   - C der Bauch

5. le dos
   - A der Rücken
   - B der Arm
   - C der Körper

6. le derrière
   - A der Bauch
   - B der Arm
   - C der Hintern

7. l'épaule
   - A der Fuβ
   - B die Schulter
   - C der Finger

8. le bras
   - A das Bein
   - B der Arm
   - C die Hand

9. la main
   - A der Fuβ
   - B die Hand
   - C der Finger

10. le doigt
    - A die Hand
    - B der Hals
    - C der Finger

11. la jambe
    - A das Bein
    - B der Fuβ
    - C das Knie

12. le pied
    - A die Hand
    - B der Fuβ
    - C das Knie

13. le genou
    - A das Knie
    - B der Körper
    - C der Arm

14. le cou
    - A das Knie
    - B das Bein
    - C der Hals

Module 22
GRUNDLAGEN

Focus — Les parties du visage

Cochez la bonne traduction en allemand.

> Corrigé page 231

1. le visage
   - **A** der Kopf
   - **B** das Gesicht
   - **C** der Mund

2. la bouche
   - **A** die Nase
   - **B** der Mund
   - **C** das Auge

3. le nez
   - **A** die Nase
   - **B** der Mund
   - **C** das Ohr

4. l'œil
   - **A** die Nase
   - **B** der Kopf
   - **C** das Auge

5. l'oreille
   - **A** das Ohr
   - **B** der Mund
   - **C** das Auge

Focus — La santé

Cochez la bonne traduction en allemand.

1. la santé
   - **A** die Gesundheit
   - **B** die Sprechstunde
   - **C** das Fieber

2. le médecin
   - **A** die Gesundheit
   - **B** der Arzt
   - **C** das Fieber

3. la maladie
   - **A** die Gesundheit
   - **B** die Krankheit
   - **C** das Fieber

4. la fièvre
   - **A** der Arzt
   - **B** die Krankheit
   - **C** das Fieber

5. la consultation
   - **A** die Sprechstunde
   - **B** die Krankheit
   - **C** das Fieber

Focus — Quelques phrases autour de la santé

Cochez la bonne traduction en allemand.

1. Je ne me sens pas bien.
   - **A** Ich bin erkältet.
   - **B** Ich fühle mich nicht wohl.

Module 22
GRUNDLAGEN

2. J'ai la toux.
   - **A** Ich habe Husten.
   - **B** Ich habe Halsschmerzen.

3. Je suis enrhumé.
   - **A** Ich bin erkältet.
   - **B** Ich bin müde.

4. J'ai de la fièvre.
   - **A** Ich habe Fieber.
   - **B** Ich habe Husten.

5. J'ai mal à la gorge.
   - **A** Ich habe Halsschmerzen.
   - **B** Ich habe Ohrenschmerzen.

6. Il est blessé.
   - **A** Er ist fit.
   - **B** Er ist verletzt.

7. Je suis en forme/en bonne santé.
   - **A** Ich bin müde/fit.
   - **B** Ich bin fit/gesund.

Focus Le tournure dative *jdm wehtun*, faire mal à qqn

Corrigé page 231

Cochez la bonne traduction en allemand.

1. Où est-ce que tu as mal ?
   - **A** Wo tut es du weh?
   - **B** Wo tut es dir weh?

2. Où est-ce que vous avez mal ? *(vouvoiement)*
   - **A** Wo tut es euch weh?
   - **B** Wo tut es Ihnen weh?

3. Il a mal à la tête.
   - **A** Ihm tut der Kopf weh.
   - **B** Er tut der Kopf weh.

4. Elle a mal au ventre.
   - **A** Ihn tut der Bauch weh.
   - **B** Ihr tut der Bauch weh.

Focus Autres tournures datives autour de la santé

Cochez la bonne traduction en allemand.

1. Elle a froid.
   - **A** Ihr ist kalt.
   - **B** Ihr ist heiß.

2. Nous ne nous sentons pas bien.
   - **A** Uns geht es nicht gut.
   - **B** Uns ist heiß.

Module 22
GRUNDLAGEN

3. Il a très chaud.
   - **A** Ihm ist warm.
   - **B** Ihm ist heiß.

4. Je me sens mal.
   - **A** Mir ist schlecht.
   - **B** Ich bin schlecht.

Focus — Les mots composés avec le nom *Kranke**, malade

Complétez ces mots composés avec le second terme qui convient.

> Corrigé page 231

1. der Kranken.... *(l'ambulance)*
   - **A** wagen
   - **B** haus
   - **C** pfleger

2. das Kranken.... *(l'hôpital)*
   - **A** wagen
   - **B** haus
   - **C** schwester

3. der Kranken.... *(l'aide-soignant)*
   - **A** wagen
   - **B** haus
   - **C** pfleger

4. die Kranken... *(l'infirmière)*
   - **A** schwester
   - **B** tochter
   - **C** wagen

* Notez le **n** de liaison ajouté à **Kranke**.

Focus — Exprimer la finalité avec *damit*, afin que et *um ... zu*, afin de

*Cochez la proposition avec **um ... zu** lorsque celle-ci est possible.*
*Autrement, celle avec **damit**.*

1. Ich bin in der Apotheke. Ich kaufe die Medikamente.
   - **A** Ich bin in der Apotheke, damit ich die Medikamente kaufe.
   - **B** Ich bin in der Apotheke, um die Medikamente zu kaufen.

2. Ich rufe den Krankenpfleger. Er bringt Sie sofort zum Röntgen.
   - **A** Ich rufe den Krankenpfleger, damit er Sie zum Röntgen bringt.
   - **B** Ich rufe den Krankenpfleger, um Sie zum Röntgen zu bringen.

3. Nehmen Sie viel Vitamin C zu sich (prenez). Es geht Ihnen bald besser.
   - **A** Nehmen Sie viel Vitamin C zu sich, damit es Ihnen bald besser geht.
   - **B** Nehmen Sie viel Vitamin C zu sich, um Ihnen bald besser zu gehen.

4. Nimm eine Schmerztablette. So hast du keine Schmerzen mehr.
   - **A** Nimm eine Schmerztablette, damit du keine Schmerzen mehr hast.
   - **B** Nimm eine Schmerztablette, um keine Schmerzen mehr zu haben.

Module 22
GRUNDLAGEN

5. Legen Sie sich bitte hin. Ich möchte Sie untersuchen.

   A Legen Sie sich bitte hin, damit ich Sie untersuchen kann.

   B Legen Sie sich bitte hin, um Sie zu untersuchen.

> **Astuce** La proposition infinitive avec **um ... zu** n'est possible que si le sujet de la proposition principale est le même que celui de la proposition subordonnée. La proposition subordonnée conjonctive avec **damit** peut s'employer quand les sujets sont identiques ou non. Mais on emploiera toutefois plutôt **um ... zu**.

Focus La place de *nicht* dans une négation globale

Cochez la traduction en allemand avec la syntaxe qui convient.

Corrigé page 231

1. Le médecin ne travaille pas demain.

   A Der Arzt arbeitet morgen nicht.   **B** Der Arzt nicht arbeitet morgen.

2. Je ne connais pas le médecin.

   A Ich kenne den Arzt nicht.   **B** Ich nicht kenne den Arzt.

3. Elle n'est pas malade.

   A Sie ist krank nicht.   **B** Sie ist nicht krank.

4. Il n'appelle pas le médecin.

   A Er ruft den Arzt nicht an.   **B** Er ruft den Arzt an nicht.

5. Elle ne va pas chez le médecin.

   A Sie geht nicht zum Arzt.   **B** Sie nicht geht zum Arzt.

6. Elle ne veut pas aller chez le médecin.

   A Sie will zum Arzt gehen nicht.   **B** Sie will nicht zum Arzt gehen.

7. Elle n'a pas appelé le médecin.

   A Sie hat den Arzt nicht angerufen.   **B** Sie hat den Arzt angerufen nicht.

8. Elle ne s'appelle pas Sabine.

   A Sie heißt nicht Sabine.   **B** Sie nicht heißt Sabine.

> **Astuce** Dans une négation portant sur toute la phrase (= négation globale), **nicht** se place généralement comme suit : **devant** l'adverbe, l'adjectif épithète, le groupe prépositionnel et l'attribut du sujet, mais **derrière** le complément d'objet et les adverbes **übermorgen**, *après-demain*, **morgen**, *demain*, **heute**, *aujourd'hui*, **gestern**, *hier* et **vorgestern**, *avant-hier*.

Module 22
GRUNDLAGEN

Focus Quelques phrases utiles chez le médecin

Cochez la bonne traduction en allemand.

1. Bonjour. J'ai rendez-vous avec *(litt. chez)* Dr. Schmitt.

   Ⓐ Guten Morgen. Ich habe Zeit bei Dr Schmitt.

   Ⓑ Guten Morgen. Ich habe einen Termin bei Dr Schmitt.

2. Vous venez pour la première fois en consultation chez le Dr Schmitt ?

   Ⓐ Kommen sie zum ersten Mal ins Krankenhaus von Dr Schmitt?

   Ⓑ Kommen sie zum ersten Mal in die Sprechstunde von Dr Schmitt?

3. Veuillez remplir ce formulaire, s'il vous plaît : maladies, allergies …

   Ⓐ Füllen Sie bitte diesen Fragebogen aus: Krankheiten, Allergien…

   Ⓑ Machen Sie bitte diesen Fragebogen auf: Krankheiten, Allergien…

4. Allongez-vous ici, s'il vous plaît.

   Ⓐ Stehen Sie bitte hier.

   Ⓑ Legen Sie sich bitte hierhin.

5. Vous pouvez vous rhabiller.

   Ⓐ Sie können wieder umziehen.

   Ⓑ Sie können sich wieder anziehen.

6. Ce n'est rien de grave.

   Ⓐ Es ist nicht Gutes.

   Ⓑ Es ist nichts Schlimmes.

7. Dans une semaine, vous serez de nouveau en forme.

   Ⓐ In einer Wochen sind Sie wieder fit.

   Ⓑ In einer Wochen sind Sie wieder krank.

Module 22
WORTSCHATZ

Verbes

fühlen (sich wohl ~)	*sentir (se ~ bien)*
hinlegen (sich ~)	*s'allonger*
röntgen	*faire une radio/un cliché*
untersuchen	*examiner*
weh/tun	*faire mal*

Noms : les parties du corps

der Arm (e)	*bras*
das Auge (n)	*œil*
der Bauch (¨e)	*ventre*
das Bein (e)	*jambe*
die Brust (¨e)	*poitrine*
der Finger (-)	*doigt*
der Fuβ (¨e)	*pied*
das Gesicht (er)	*visage*
der Hals (¨e)	*cou*
die Hand (¨e)	*main*
der Hintern (-)	*derrière*
das Knie (-)	*genou*
der Kopf (¨e)	*tête*
der Körper (-)	*corps*
der Mund (¨er)	*bouche*
die Nase (n)	*nez*
das Ohr (en)	*oreille*
der Rücken (-)	*dos*
die Schulter (n)	*épaule*

Noms : la santé

der Arzt (¨e)	*médecin*
das Fieber (sing.)	*fièvre*
die Gesundheit (sing.)	*santé*

Module 22
WORTSCHATZ

der Husten (sing.)	*toux*
das Krankenhaus (¨er)	*hôpital*
die Krankheit (en)	*maladie*
der Krankenpfleger (-)	*aide-soignant*
die Krankenschwester (n)	*infirmière*
der Krankenwagen (-)	*ambulance*
der Schmerz (en) ➜ Bauch~, Halsschmerzen... haben	*douleur ➜ avoir mal au ventre, à la gorge ...*
die Schmerztablette (n)	*médicament contre la douleur*
die Sprechstunde (n)	*consultation*

Adjectifs

erkältet	*enrhumé*
fit	*en forme*
gesund	*en bonne santé*
schlecht (mir ist ~)	*mal (je me sens ~)*

Conjonctions

damit	*afin que*
um ... zu	*afin de*

Module 22
LÖSUNGEN

Grundlagen

PAGE 223 - Le corps
1 **C** 2 **A** 3 **A** 4 **C** 5 **A** 6 **C** 7 **B** 8 **B** 9 **B** 10 **C** 11 **A** 12 **B** 13 **A** 14 **C**

PAGE 224 - Les parties du visage
1 **B** 2 **B** 3 **A** 4 **C** 5 **A**

PAGE 224 - La santé
1 **A** 2 **B** 3 **B** 4 **C** 5 **A**

PAGE 224 - Quelques phrases autour de la santé
1 **B** 2 **A** 3 **A** 4 **A** 5 **A** 6 **B** 7 **B**

PAGE 225 - La tournure dative **jdm weh tun**, *faire mal à qqn*
1 **B** 2 **B** 3 **A** 4 **B**

PAGE 225 - Autres tournures datives autour de la santé
1 **A** 2 **A** 3 **B** 4 **A**

PAGE 226 - Les mots composés avec le nom **Kranke,** *malade*
1 **A** 2 **B** 3 **C** 4 **A**

PAGE 226 - Exprimer la finalité avec **damit**, *afin que* et **damit... zu**, *afin de*
1 **B** 2 **A** 3 **A** 4 **B** 5 **A**

PAGE 227 - La place de **nicht** dans une négation globale
1 **A** 2 **A** 3 **B** 4 **A** 5 **A** 6 **B** 7 **A** 8 **A**

PAGE 228 - Quelques phrases utiles chez le médecin
1 **B** 2 **B** 3 **A** 4 **B** 5 **B** 6 **B** 7 **A**

VOTRE SCORE :

Vous avez obtenu entre 0 et 21 ? Revoyez chaque question en prenant un ouvrage de référence du niveau A2, comme *Objectif Langues* (Assimil).

Vous avez obtenu entre 22 et 31 ? C'est encore assez moyen. Revoyez vos erreurs toujours en vous aidant d'un ouvrage de référence.

Vous avez obtenu entre 32 et 47 ? C'est bien. Analysez vos erreurs et si besoin est révisez les points que vous ne maîtrisez pas complètement.

Vous avez obtenu entre 48 et 56 ? C'est très bien. Soyez vigilant aux fautes d'attention.

Vous avez obtenu 57 et plus ? Bravo. Vous pouvez passer au niveau supérieur.

Module 23
GRUNDLAGEN

Focus Les hobbys

Cochez la bonne traduction en allemand.

1. lire
   - **A** lesen
   - **B** laufen
   - **C** malen

2. faire de la randonnée
   - **A** reiten
   - **B** wandern
   - **C** kochen

3. cuisiner
   - **A** schwimmen
   - **B** tanzen
   - **C** kochen

4. nager
   - **A** schwimmen
   - **B** wandern
   - **C** laufen

5. chanter
   - **A** spielen
   - **B** reiten
   - **C** singen

6. monter à cheval
   - **A** tanzen
   - **B** reiten
   - **C** segeln

7. faire de la voile
   - **A** laufen
   - **B** singen
   - **C** segeln

8. courir
   - **A** laufen
   - **B** singen
   - **C** malen

9. danser
   - **A** laufen
   - **B** tanzen
   - **C** wandern

10. dessiner/peindre
    - **A** reiten
    - **B** malen
    - **C** laufen

Complétez avec le verbe qui convient.

1. Ich ... gern Radio/Musik. *J'aime écouter la radio/de la musique.*
   - **A** gehöre
   - **B** höre auf
   - **C** höre

2. Ich ... gern Fahrrad. *J'aime faire (litt. rouler) du vélo.*
   - **A** laufe
   - **B** gehe
   - **C** fahre

3. Ich ... gern Ski. *J'aime faire du ski.* (2 réponses possibles, *litt. rouler/aller, courir*)
   - **A** fahre
   - **B** mache
   - **C** laufe

Corrigé page 239

Module 23
GRUNDLAGEN

4. Ich ... gern fern. *J'aime regarder la télé.*
   - **A** mache
   - **B** sehe
   - **C** höre

5. Ich ... gern Gitarre. *J'aime jouer de la guitare.*
   - **A** spiele
   - **B** mache
   - **C** klingel

Focus — Ne confondez pas *hören*, *gehören* et *aufhören*

Cochez la bonne traduction en allemand.

Corrigé page 239

1. Il n'arrête pas de pleuvoir.
   - **A** Es hört nicht zu regnen.
   - **B** Es hört nicht auf zu regnen.
   - **C** Es gehört nicht zu regnen.

2. À qui appartient ce porte-monnaie ?
   - **A** Wem hört dieser Geldbeutel?
   - **B** Wem hört dieser Geldbeutel auf?
   - **C** Wem gehört dieser Geldbeutel?

3. Qu'est-ce que tu écoutes (là) ?
   - **A** Was hörst du da?
   - **B** Was hörst du da auf?
   - **C** Was gehörst du da?

4. Parle plus fort s'il te plaît, je ne t'entends pas.
   - **A** Sprich bitte lauter, ich höre dich nicht.
   - **B** Sprich bitte lauter, ich höre dich nicht auf.
   - **C** Sprich bitte lauter, ich gehöre dich nicht.

Focus — Les instruments de musique

Cochez la bonne traduction en allemand.

1. Ich spiele ... *(violon)*
   - **A** Geige
   - **B** Klavier
   - **C** Flöte

2. Ich spiele ... *(piano)*
   - **A** Schlagzeug
   - **B** Klavier
   - **C** Flöte

3. Ich spiele ... *(batterie)*
   - **A** Geige
   - **B** Schlagzeug
   - **C** Flöte

Module 23
GRUNDLAGEN

4. Ich spiele ... *(flûte)*
   - **A** Schlagzeug
   - **B** Klavier
   - **C** Flöte

Focus Les adverbes *gern*, *lieber*, *am liebsten* + verbe, aimer/préférer + verbe

Corrigé page 239

Cochez la traduction en allemand avec l'adverbe qui convient.

1. Aime-t-il jouer aux échecs ?
   - **A** Spielt er gern Schach?
   - **B** Spielt er lieber Schach?

2. Il aime jouer aux échecs.
   - **A** Er spielt gern Schach.
   - **B** Er spielt am liebsten Schach. / Am liebsten spielt er Schach.

3. À quoi préfères-tu jouer ? Au tennis, au golf ou au football ?
   - **A** Was spielst du lieber? Tennis, Golf oder Fußball?
   - **B** Was spielst du am liebsten? Tennis, Golf oder Fußball?

4. Qu'est-ce que tu préfères faire *(sous-entendu, le plus)* pendant ton temps libre ?
   - **A** Was machst du gern in deiner Freizeit?
   - **B** Was machst du am liebsten in deiner Freizeit?

5. Qu'est-ce que tu aimes faire pendant ton temps libre ?
   - **A** Was machst du gern in deiner Freizeit?
   - **B** Was machst du lieber in deiner Freizeit?

Astuce **Am liebsten** exprime la préférence absolue par rapport à plusieurs possibilités (3 ou plus). Rappel : **gern** sert à indiquer que l'on aime bien qqch., **lieber** que l'on préfère qqn/qqch. par rapport à qqn d'autre/autre chose.

Focus Les adverbes *gern*, *lieber*, *am liebsten* + *haben*, aimer/préférer

Cochez la traduction en allemand avec l'adverbe qui convient.

1. Qu'est-ce que tu aimes ?
   - **A** Was hast du gern?
   - **B** Was hast du lieber?

Module 23
GRUNDLAGEN

2. Qu'est-ce que tu préfères ? Le jazz, le hiphop ou le rap ?
   - **A** Was hast du lieber? Jazz, Hip-Hop oder Rap?
   - **B** Was hast du am liebsten? Jazz, Hip-Hop oder Rap?

3. Qu'est-ce que tu préfères ? Le football ou le basket ?
   - **A** Was hast du gern? Fußball oder Basket?
   - **B** Was hast du lieber? Fußball oder Basket?

4. Je t'aime bien.
   - **A** Ich habe dich gern.
   - **B** Ich habe dich lieber.

Corrigé page 239

Focus Le verbe *mögen*, aimer au présent de l'indicatif

*Complétez avec la forme du verbe **mögen** au présent de l'indicatif qui convient.*

1. Welche Musikart *(genre de musique)* ... du?
   - **A** mögst
   - **B** mägst
   - **C** magst

2. Ich ... Hip-Hop und Jazz.
   - **A** möge
   - **B** mag
   - **C** mage

3. Und ihr? ... ihr auch Hip-Hop?
   - **A** Mögt
   - **B** Mägt
   - **C** Magt

4. Nein, wir ... keinen Hip-Hop.
   - **A** mögen
   - **B** magen
   - **C** mochten

5. ... Paula Hip-Hop?.
   - **A** Mögt
   - **B** Mag
   - **C** Magt

6. Und Sie? Was ... Sie?
   - **A** mögen
   - **B** möchten
   - **C** magen

Focus Le temps libre

Complétez avec le terme qui convient. Les deux réponses peuvent être possibles.

1. Wir haben ... *(vacances/congés)*
   - **A** Ferien
   - **B** Urlaub!

2. Wir haben einen ... *(jour férié)*
   - **A** Feiertag
   - **B** Freizeit!

Module 23
GRUNDLAGEN

3. ...! *(La journée est finie !)*
   - **A** Freizeit!
   - **B** Feierabend

4. Was macht ihr in eurer ...? *(temps libre)*
   - **A** Feierabend
   - **B** Freizeit

Focus Dialogue : *die Hobbys*, les hobbys

Corrigé page 239

Complétez avec les termes qui conviennent.

1. Was macht ihr in eurer ...? Welche ... habt ihr?
   - **A** Wochenende / Freizeit
   - **B** Feierabend / Freizeit
   - **C** Freizeit / Hobbys

2. Ich ... viel Sport. Ich ... Tennis und Fußball.
   - **A** laufe / mache
   - **B** mache / spiele
   - **C** spiele / gehe

3. Ich mache auch viel ... Ich gehe ... und schwimmen.
   - **A** laufen / Musik
   - **B** Sport / hören
   - **C** Sport / laufen

4. Das ist ... Und du Lea? ... du auch ein Hobby?
   - **A** gut / Hast
   - **B** schlecht / Machst
   - **C** gut / Spielst

5. Ja, Musik. Ich spiele ... und seit einem Jahr lerne ich auch ... spielen.
   - **A** Tennis / Fußball
   - **B** Geige / Schlagzeug
   - **C** Wandern / Kochen

6. Interessant! ... Musikart *(genre de musique)* magst ...?
   - **A** Welche / du
   - **B** Warum / ihr
   - **C** Was / du

Module 23
WORTSCHATZ

7. Ich mag ... Musik und auch ... Musik.
   - **A** klassicher / modernes
   - **B** klassiches / moderne
   - **C** klassiche / moderne

8. Und Sie? Was machen Sie in Ihrer ...? Haben Sie auch ein ...?
   - **A** Ferien / Freizeit
   - **B** Freizeit / Hobby
   - **C** Hobby / Feierabend

9. Spielen Sie ... oder vielleicht ...?
   - **A** Geige / Klavier
   - **B** die Geige / das Klavier
   - **C** von Geige / von Klavier

Corrigé page 239

10. Oder ... Sie lieber Tennis ... Fußball?
    - **A** gehen / und
    - **B** spielen / nicht
    - **C** spielen / oder

Verbes

auf/hören	*arrêter*
gehören	*appartenir*
hören	*entendre*
kochen	*cuisiner*
laufen	*courir*
lesen	*lire*
malen	*peindre/dessiner*
mögen	*(bien) aimer*
reiten	*faire de l'équitation*
schwimmen	*nager*
segeln	*faire de la voile*

Module 23
WORTSCHATZ

singen	chanter
spielen	jouer
tanzen	danser
wandern	faire de la randonnée

Noms

die Ferien (plur.)	vacances
Feierabend (gén. sans art.)	fin de la journée de travail
Feiertag (e)	jour férié
die Flöte (n)	flûte
die Freizeit (sing.)	loisirs
der Fußball (sing.)	football
die Geige (n)	violon
das Golf (sing.)	golf
der Hip-Hop (sing.)	hip-hop
das Hobby (s)	hobby
der Jazz (sing.)	jazz
das Klavier (e)	piano
die Musik (sing.)	musique
der Rapp (sing.)	rap
das Schach (sing.)	échecs
das Schlagzeug (e) (sing.)	batterie
das Tennis (sing.)	tennis
der Urlaub	vacances/congés

Adjectifs/Adverbes

klassisch	classique
am liebsten	préférer/de préférence (absolu)
modern	moderne

Module 23
LÖSUNGEN

Grundlagen

PAGE 232
Les hobbys
1 **A**   2 **B**   3 **C**   4 **A**   5 **C**   6 **B**   7 **C**   8 **A**   9 **B**   10 **B**
1 **C**   2 **C**   3 **A/C**   4 **B**   5 **A**

PAGE 233
Ne confondez pas **hören**, **gehören** et **aufhören**
1 **B**   2 **C**   3 **A**   4 **A**

PAGE 233
Les instruments de musique
1 **A**   2 **B**   3 **B**   4 **C**

PAGE 234
Les adverbes **gern**, **lieber**, **am liebsten** + verbe, *aimer/préférer* + verbe
1 **A**   2 **A**   3 **B**   4 **B**   5 **A**

PAGE 234
Les adverbes **gern**, **lieber**, **am liebsten** + **haben**, *aimer/préférer*
1 **A**   2 **B**   3 **B**   4 **A**

PAGE 235
Le verbe **mögen**, *aimer* au présent de l'indicatif
1 **C**   2 **B**   3 **A**   4 **A**   5 **B**   6 **A**

PAGE 235
Le temps libre
1 **A/B**   2 **A**   3 **B**   4 **B**

PAGE 236
Dialogue : **die Hobbys**, *les hobbys*
1 **C**   2 **B**   3 **C**   4 **A**   5 **B**   6 **A**   7 **C**   8 **B**   9 **A**   10 **C**

Vous avez obtenu entre 0 et 17 ? Revoyez chaque question en prenant un ouvrage de référence du niveau A2, comme *Objectif Langues* (Assimil).

Vous avez obtenu entre 18 et 26 ? C'est encore assez moyen. Revoyez vos erreurs toujours en vous aidant d'un ouvrage de référence.

Vous avez obtenu entre 27 et 39 ? C'est bien. Analysez vos erreurs et si besoin est révisez les points que vous ne maîtrisez pas complètement.

Vous avez obtenu entre 40 et 46 ? C'est très bien. Soyez vigilant aux fautes d'attention.

Vous avez obtenu 47 et plus ? Bravo. Vous pouvez passer au niveau supérieur.

Module 24
GRUNDLAGEN

Focus: Les sorties culturelles/nocturnes

Complétez avec la préposition et l'article qui conviennent. Ce dernier peut parfois être contracté avec la préposition.

1. Wir gehen ... Kino/Theater/Konzert/Restaurant. *Nous allons au cinéma/théâtre/concert/restaurant.*
   - **A** ins
   - **B** zum
   - **C** im

2. Wir gehen ... Oper. *Nous allons à l'opéra.*
   - **A** in der
   - **B** in die
   - **C** an die

3. Wir gehen ... Freunden. *Nous allons chez des amis.*
   - **A** in
   - **B** zu
   - **C** bei

4. Wart ihr gestern ... Kino/Theater/Konzert /Restaurant? *Étiez-vous hier au cinéma/théâtre/concert/restaurant ?*
   - **A** ins
   - **B** beim
   - **C** im

5. Wir gehen ... Disko. *Nous allons en discothèque.*
   - **A** ins
   - **B** in die
   - **C** auf die

6. Wir waren ... Freunden. *Nous étions chez des amis.*
   - **A** in
   - **B** zu
   - **C** bei

7. Wir gehen ... Party. *Nous allons à une fête.*
   - **A** auf einer
   - **B** auf eine
   - **C** bei einer

8. Wir waren ... Party. *Nous étions à une fête.*
   - **A** auf einer
   - **B** zu einer
   - **C** bei einer

9. Wir waren ... Disko. *Nous étions en discothèque.*
   - **A** in der
   - **B** auf der
   - **C** auf die

10. Oh! Ihr wart gestern ... Oper. *Oh ! Vous étiez hier à l'opéra.*
    - **A** in der
    - **B** in die
    - **C** auf der

Focus: *Der, die* ou *das* ?

Corrigé page 248

Complétez avec l'article qui convient.

1. ... Film *(le film)*
   - **A** der
   - **B** die
   - **C** das

2. ... Ballett *(le ballet)*
   - **A** der
   - **B** die
   - **C** das

Module 24
GRUNDLAGEN

3. ... Ausstellung *(l'exposition)*
   - **A** der
   - **B** die
   - **C** das

4. ... Eintrittskarte *(le ticket d'entrée)*
   - **A** der
   - **B** die
   - **C** das

5. ... Theaterstück *(la pièce de théâtre)*
   - **A** der
   - **B** die
   - **C** das

Focus Au restaurant

Cochez la bonne traduction en allemand.

Corrigé page 248

1. l'addition
   - **A** die Rechnung
   - **B** der Kellner
   - **C** der Tisch

2. le serveur
   - **A** der Kellner
   - **B** die Kellnerin
   - **C** die Küche

3. la serveuse
   - **A** der Kellner
   - **B** die Kellnerin
   - **C** die Küche

4. la carte/le menu
   - **A** der Kellner
   - **B** die Speisekarte
   - **C** die Vorspeise

5. la carte des boissons
   - **A** die Rechnung
   - **B** die Getränkekarte
   - **C** die Nachspeise

6. l'entrée (1er plat)
   - **A** die Nachspeise
   - **B** die Speisekarte
   - **C** die Vorspeise

7. le plat principal
   - **A** die Nachspeise
   - **B** die Speisekarte
   - **C** die Hauptspeise

8. le dessert
   - **A** die Nachspeise/ der Nachtisch
   - **B** die Getränkekarte
   - **C** die Kellnerin

Focus La déclinaison d'un groupe nominal au génitif

Complétez avec le groupe nominal décliné comme il convient. Le genre ou le nombre des noms est indiqué entre parenthèses.

1. der Lieblingsfilm ... *(plur.)* le film préféré des enfants
   - **A** des Kinder
   - **B** der Kinder
   - **C** der Kindern

Module 24
GRUNDLAGEN

Corrigé page 248

2. der Film ... *(neut.)* le film de l'année
   - **A** dem Jahr(e)s
   - **B** des Jahr
   - **C** des Jahr(e)s

3. der Name ... *(fém.)* le nom de l'opéra
   - **A** der Opers
   - **B** die Oper
   - **C** der Oper

4. der Titel ... *(masc.)* le titre du film
   - **A** der Film(e)s
   - **B** des Film
   - **C** des Film(e)s

5. der Name ... *(fém.)* le nom de cet opéra
   - **A** dieser Opers
   - **B** dieser Oper
   - **C** diesem Oper

6. der Titel ... *(neut.)* le titre de ce livre
   - **A** dieses Buch(e)s
   - **B** dieser Buch
   - **C** diesem Buch(e)s

7. der Name ... *(plur.)* le nom de ces livres
   - **A** dieser Bücher
   - **B** dieses Büchers
   - **C** diesen Büchern

Astuce Au génitif masculin et au neutre, les noms se terminant par **-s, -β, -x, -z** prennent un **-s** ou **-es**. Dans le cas des monosyllabes (sauf ceux se terminant par **-s, -β, -x, -z**) et des noms se terminant par plusieurs consonnes, on peut mettre aussi bien **-s** que **-es**. Ces deux versions sont ainsi possibles : des **Jahrs/Jahres** de l'année. Ceci vaut pour les groupes nominaux définis, indéfinis et sans article.

Complétez avec le groupe nominal décliné comme il convient. Le genre ou le nombre des noms est indiqué entre parenthèses.

1. die Lieblingsschauspielerin ... *(masc.)* l'actrice préférée de mon mari
   - **A** meines Mann(e)s
   - **B** meinen Mann(e)s
   - **C** mein Mann(e)s

2. der Lieblingsfilm ... *(fém.)* le film préféré de ma femme
   - **A** meiner Fraues
   - **B** meiner Frau
   - **C** meinem Frau

3. der Titel ... *(neut.)* le titre d'un livre
   - **A** einer Buch
   - **B** ein Buch(e)s
   - **C** eines Buch(e)s

4. der Lieblingsfilm ... *(plur.)* le film préféré de mes parents
   - **A** meine Eltern
   - **B** meiner Eltern
   - **C** meines Eltern

5. das Leben ... *(fém.)* la vie d'une actrice
   - **A** einer Schauspielerin
   - **B** eines Schauspielerin
   - **C** einer Schauspielerins

Module 24
GRUNDLAGEN

6. das Leben ... *(masc.)* la vie d'un acteur
   - **A** einem Schauspieler
   - **B** eines Schauspielers
   - **C** einer Schauspielers

Focus La préposition *während*, pendant + génitif

Complétez avec le groupe nominal décliné comme il convient. Le genre ou le nombre est indiqué entre parenthèses.

1. während ... *(masc.) pendant la soirée*
   - **A** des Abends
   - **B** des Abend
   - **C** dem Abend

2. während ... *(neut.) pendant le repas*
   - **A** des Essen
   - **B** des Essens
   - **C** der Essen

3. während ... *(fém.) pendant une semaine*
   - **A** einer Woche
   - **B** eines Woche
   - **C** eine Woches

4. während ... *(plur.) pendant mes vacances*
   - **A** meiner Ferien
   - **B** meinen Feriens
   - **C** meines Ferien

Astuce Dans le langage parlé, le datif tend à remplacer le génitif après **während**.

Focus Les verbes à particule séparable *vorhaben*, avoir prévu et *ausgehen*, sortir (le soir)

Cochez la bonne traduction en allemand.

Corrigé page 248

1. Qu'est-ce que tu as de prévu ce *(litt. au)* week-end ?
   - **A** Was hast du vor am Wochenende?
   - **B** Was hast du am Wochenende vor?

2. Vous avez déjà quelque chose de prévu (pour) ce soir ?
   - **A** Habt ihr heute Abend schon etwas vor?
   - **B** Habt ihr vor heute Abend schon etwas?

3. Nous n'avons rien de prévu.
   - **A** Wir nichts vorhaben.
   - **B** Wir haben nichts vor.

Module 24
GRUNDLAGEN

Corrigé page 248

4. Ce soir, je sors.
   - **A** Heute Abend aus ich gehe.
   - **B** Heute Abend gehe ich aus.

5. Tu veux sortir ce soir ?
   - **A** Willst du heute Abend gehen aus?
   - **B** Willst du heute Abend ausgehen?

Focus — Les tournures *ich würde gern/lieber/am liebsten*, j'aimerais bien/ je préfèrerais (entre 2 ou plusieurs options)

Cochez la traduction en allemand avec la bonne syntaxe. Il peut y avoir deux réponses possibles.

1. J'aimerais sortir ce soir.
   - **A** Ich würde heute Abend gern ausgehen.
   - **B** Gern ich würde heute Abend ausgehen.

2. Qu'est-ce que tu préférerais faire ? *(entre 2 options)*
   - **A** Was du lieber wüdest tun?
   - **B** Was würdest du lieber tun?

3. Nous préférerions voir un film ? *(entre 2 options)*
   - **A** Wir lieber würden einen Film sehen.
   - **B** Wir würden lieber einen Film sehen.

4. Je préférerais rester à la maison. *(entre plusieurs options)*
   - **A** Ich würde am liebsten zu Hause bleiben.
   - **B** Am liebsten würde ich zu Hause bleiben.

Focus — Les verbes utiles au restaurant

Complétez avec le verbe qui convient.

1. Wir möchten einen Tisch ... *Nous aimerions réserver une table.*
   - **A** reservieren
   - **B** empfehlen

2. Wir möchten gern ... *Nous aimerions commander.*
   - **A** bringen
   - **B** bestellen

3. Ich ... Ihnen gleich die Getränke. *Je vous apporte les boissons tout de suite.*
   - **A** bringe
   - **B** bestelle

Module 24
GRUNDLAGEN

4. Was würden Sie als Vorspeise ...? *Que recommanderiez-vous en (litt. comme) entrée ?*

   A empfehlen   **B** bestellen

Focus Dialogue : *im Restaurant,* au restaurant

Complétez avec les mots qui conviennent.

Corrigé page 248

1. A: ... Abend. Haben Sie einen Tisch ...?

   A Guten / reserviert
   B Guten / bestellt
   C Gut / empfohlen

2. B: Ja, einen Tisch für ... Personen auf den ... Müller.

   A zweiten / Vornamen
   B zwei / Platz
   C zwei / Namen

3. A: Ja, Sie haben einen Tisch auf ... Terrasse. Bitte ... Sie mir.

   A der / folgen
   B der / kommen
   C die / folgen

4. A: Ich bringe ... sofort die ...

   A Sie / Essenskarte
   B Ihnen / Speisekarte
   C Ihnen / Eintrittskarten

5. A: ... Sie schon etwas zu ... bestellen. Ein Bier, Sekt? *(mousseux)*

   A Müssen / essen
   B Möchten / essen
   C Möchten / trinken

6. B: Ja, ... Eine kleine ... Sekt.

   A bitte / Flasche
   B danke / Glas
   C bitte / Teller

245

Module 24
GRUNDLAGEN

Corrigé page 248

7. B: (…) Wir möchten gern … Was würden Sie uns …?
   - A essen / trinken
   - B bestellen / empfehlen
   - C bestellen / sagen

8. A: … Vorspeise empfehle ich … unsere Currysuppe *(soupe au curry)*.
   - A Als / Sie
   - B Die / Ihnen
   - C Als / Ihnen

9. A: Und als … die Spezialität … Hauses, die Lammkeule *(gigot d'agneau)*.
   - A Nachspeise / der
   - B Hauptspeise / des
   - C Hauptspeise / der

10. B: Wir hätten … zweimal die Currysuppe … zweimal die Lammkeule.
    - A gern / und
    - B lieber / und
    - C am liebsten / aber

11. A: (…) Hat es Ihnen … Möchten Sie einen …?
    - A gut / Nachtisch
    - B geschmeckt / Nachtisch
    - C geschmeckt / Rechnung

12. B: (…) Nein, danke … Sie uns bitte die …
    - A Bringen / Speisekarte
    - B Empfehlen / Rechnung
    - C Bringen / Rechnung

13. A: Gern. Wie möchten Sie … Bar oder mit Kreditkarte? Getrennt oder …?
    - A zahlen / zusammen
    - B zahlen / mit
    - C Geld / zusammen

14. B: … bitte. Sagen sie bitte dem Chef, dass die Lammkeule sehr … war.
    - A Jetzt / schlecht
    - B Sofort / lecker
    - C Zusammen / lecker

Module 24
WORTSCHATZ

Verbes

aus/gehen	*sortir (théâtre, discothèque...)*
bestellen	*commander*
bringen	*apporter*
empfehlen	*conseiller*
reservieren	*réserver*
vor/haben	*avoir prévu*

Noms

die Ausstellung (en)	*exposition*
das Ballett (s)	*ballet*
die Diskothek (en)/die Disko (s)	*discothèque*
die Eintrittskarte (n)	*ticket d'entrée*
der Film (e)	*film*
die Getränkekarte (n)	*carte des boissons*
die Hauptspeise (n)	*plat principal*
der Kellner (-)/die Kellnerin (nen)	*serveur/se*
das Kino (s)	*cinéma*
das Konzert (e)	*concert*
die Nachspeise (n)	*dessert*
der Nachtisch (e)	*dessert*
die Oper (n)	*opéra*
die Rechnung (en)	*addition*
das Restautant (s)	*restaurant*
die Speisekarte (n)	*carte/menu*
das Theater (-)	*théâtre*
das Theaterstück (e)	*pièce de théâtre*
die Vorspeise (n)	*entrée (repas)*

Adjectifs/Adverbes

getrennt	*séparément*
zusammen	*ensemble*

Module 24
LÖSUNGEN

Grundlagen

VOTRE SCORE :

PAGE 240 - Les sorties culturelles/nocturnes
1 **A** 2 **B** 3 **B** 4 **C** 5 **B** 6 **C** 7 **B** 8 **A** 9 **A** 10 **A**

PAGE 240 - Der, die ou das ?
1 **A** 2 **C** 3 **B** 4 **B** 5 **C**

PAGE 241 - Au restaurant
1 **A** 2 **A** 3 **B** 4 **B** 5 **B** 6 **C** 7 **C** 8 **A**

PAGES 241-242 - Déclinaison d'un groupe nominal au génitif
1 **B** 2 **C** 3 **C** 4 **C** 5 **B** 6 **A** 7 **A**
1 **A** 2 **B** 3 **C** 4 **B** 5 **A** 6 **B**

PAGE 243 - La proposition **während**, *pendant* + génitif
1 **A** 2 **B** 3 **A** 4 **A**

PAGE 243 - Les verbes à particule séparable **vorhaben**, *avoir prévu* et **ausgehen**, *sortir* (le soir)
1 **B** 2 **A** 3 **B** 4 **B** 5 **B**

PAGE 244 - Les tournures **ich würde gern/lieber/am liebsten**, *j'aimerais bien/je préfèrerais* (entre 2 ou plusieurs options)
1 **A** 2 **B** 3 **B** 4 **A/B**

PAGE 244 - Les verbes utiles au restaurant
1 **A** 2 **B** 3 **A** 4 **A**

PAGE 245 - Dialogue : **im Restaurant**, *au restaurant*
1 **A** 2 **C** 3 **A** 4 **B** 5 **A** 6 **A** 7 **B** 8 **C** 9 **B** 10 **A** 11 **B** 12 **C** 13 **A** 14 **C**

Vous avez obtenu entre 0 et 22 ? Revoyez chaque question en prenant un ouvrage de référence du niveau A2, comme *Objectif Langues* (Assimil).

Vous avez obtenu entre 23 et 33 ? C'est encore assez moyen. Revoyez vos erreurs toujours en vous aidant d'un ouvrage de référence.

Vous avez obtenu entre 34 et 50 ? C'est bien. Analysez vos erreurs et si besoin est révisez les points que vous ne maîtrisez pas complètement.

Vous avez obtenu entre 51 et 59 ? C'est très bien. Soyez vigilant aux fautes d'attention.

Vous avez obtenu 60 et plus ? Bravo. Vous pouvez passer au niveau supérieur.

Module 25
GRUNDLAGEN

Focus — Les projets de vacances

Complétez avec le lieu de vacances qui convient. Il peut y avoir deux réponses possibles.

Corrigé page 258

1. Urlaub ... *(vacances au bord de la mer)*
   - **A** am Meer
   - **B** am See
   - **C** im Gebirge
   - **D** auf dem Land

2. Urlaub ... *(vacances à la montagne)*
   - **A** auf dem Bauernhof
   - **B** in den Bergen
   - **C** im Gebirge
   - **D** auf dem Land

3. Urlaub ... *(vacances à la ferme)*
   - **A** auf dem Bauernhof
   - **B** in den Bergen
   - **C** im Schnee
   - **D** auf dem Land

4. Urlaub ... *(vacances à la neige)*
   - **A** auf dem Bauernhof
   - **B** in den Bergen
   - **C** im Schnee
   - **D** auf dem Land

5. Urlaub ... *(vacances au bord d'un lac)*
   - **A** am Meer
   - **B** am See
   - **C** im Schnee
   - **D** auf dem Land

6. Urlaub ... *(vacances à la campagne)*
   - **A** auf dem Bauernhof
   - **B** am See
   - **C** im Gebirge
   - **D** auf dem Land

Focus — *Der See/-see* ou *die See/-see* ?

Cochez la bonne traduction en allemand.

1. le lac
   - **A** der See
   - **B** die See

2. la mer
   - **A** der See
   - **B** die See

3. la mer du Nord
   - **A** der Ostsee
   - **B** die Nordsee

Module 25
GRUNDLAGEN

4. la mer Baltique
   - **A** die Ostsee
   - **B** die Nordsee

Focus *Der, die* ou *das* ?

Corrigé page 258

Complétez avec l'article qui convient.

1. ... Bauernhof*
   - **A** der
   - **B** die
   - **C** das

2. ... Gebirge
   - **A** der
   - **B** die
   - **C** das

3. ... Meer
   - **A** der
   - **B** die
   - **C** das

4. ... Berg
   - **A** der
   - **B** die
   - **C** das

5. ... Schnee
   - **A** der
   - **B** die
   - **C** das

6. ... Hotel
   - **A** der
   - **B** die
   - **C** das

7. ... Pension *(pension)*
   - **A** der
   - **B** die
   - **C** das

8. ... Campingplatz *(camping)*
   - **A** der
   - **B** die
   - **C** das

9. ... Ferienwohnung *(appartement de vacances)*
   - **A** der
   - **B** die
   - **C** das

10. ... Ferienhaus *(maison de vacances)*
    - **A** der
    - **B** die
    - **C** das

11. ... Jugendherberge *(auberge de jeunesse)*
    - **A** der
    - **B** die
    - **C** das

12. ... Reise *(voyage)*
    - **A** der
    - **B** die
    - **C** das

* Les mots non traduits ont déjà été étudiés ultérieurement.

Module 25
GRUNDLAGEN

Focus Les bagages

Cochez la bonne traduction en allemand.

Corrigé page 258

1. le sac de voyage
   - **A** das Gepäck
   - **B** der Rucksack
   - **C** die Reisetasche

2. les bagages
   - **A** das Gepäck
   - **B** die Reise
   - **C** der Rucksack

3. la valise
   - **A** der Koffer
   - **B** das Gepäck
   - **C** die Reise

4. le sac à dos
   - **A** das Gepäck
   - **B** der Rucksack
   - **C** die Reisetasche

5. le bagage à main
   - **A** das Handgepäck
   - **B** der Rucksack
   - **C** die Reisetasche

Focus Les verbes autour du départ en vacances

Complétez avec le verbe qui convient. Il peut y avoir deux réponses possibles.

1. Bitte ... Sie ein Hotelzimmer/die Flüge. *Réservez une chambre d'hôtel/les vols s'il vous plaît.*
   - **A** buchen
   - **B** reservieren

2. Bitte ... Sie Ihre Reservierung. *Confirmez votre réservation s'il vous plaît.*
   - **A** bestätigen
   - **B** packen

3. ... Sie bitte Ihren Sitzplatz ... *Choisissez votre place s'il vous plaît.*
   - **A** Wählen ... aus
   - **B** Packen ... aus

4. ... Sie Ihr Reisedatum. *Modifiez votre date de voyage.*
   - **A** Wählen
   - **B** Ändern

5. ... Sie bitte ein Taxi. *Réservez un taxi s'il vous plaît.*
   - **A** Reservieren
   - **B** Bestellen

6. ... Sie bitte ein Taxi. *Appelez un taxi s'il vous plaît.*
   - **A** Ändern
   - **B** Rufen

Module 25
GRUNDLAGEN

Focus — Les termes pour réserver en ligne

Cochez la bonne traduction en allemand.

Corrigé page 258

1. date de départ (en avion)
   - **A** Rückflugdatum
   - **B** Abflugdatum

2. date de retour (en avion)
   - **A** Rückflugdatum
   - **B** Abflugdatum

3. aller (en train)
   - **A** Hinfahrt
   - **B** Rückfahrt

4. retour (en train)
   - **A** Hinfahrt
   - **B** Rückfahrt

5. nombre de passagers
   - **A** Anzahl der Passagiere
   - **B** Alter der Passagiere

6. adultes
   - **A** Kinder
   - **B** Erwachsene

7. enfants
   - **A** Kinder
   - **B** Erwachsene

8. choisissez la carte de crédit *(litt. type de carte)*
   - **A** Kartentyp auswählen
   - **B** Kartentyp eingeben

9. saisissez le numéro de carte
   - **A** Kartennummer auswählen
   - **B** Kartennummer eingeben

10. code de sécurité
    - **A** Sicherheitscode
    - **B** gültig bis

11. date d'expiration *(litt. valable jusqu'à)*
    - **A** Sicherheitscode
    - **B** gültig bis

12. continuer
    - **A** weiter
    - **B** zurück

13. retourner en arrière
    - **A** weiter
    - **B** zurück

Module 25
GRUNDLAGEN

Focus — Le verbe à régime prépositionnel *sich freuen auf* + acc., se réjouir de qqch. (qui va avoir lieu)

Cochez la traduction en allemand avec la bonne syntaxe.

1. Je me réjouis déjà (de partir) en vacances.
   - **A** Ich freue mich schon die Ferien auf.
   - **B** Ich freue mich schon auf die Ferien.

2. Vous vous réjouissez (de partir) en vacances ?
   - **A** Freut ihr euch auf die Ferien?
   - **B** Freut ihr euch die Ferien auf?

3. Oui, nous nous réjouissons beaucoup (de partir) en vacances.
   - **A** Ja, wir freuen uns die Ferien auf sehr.
   - **B** Ja, wir freuen uns sehr auf die Ferien.

4. Les enfants se réjouissent déjà (de partir) en vacances.
   - **A** Die Kinder auf freuen sich schon die Ferien.
   - **B** Die Kinder freuen sich schon auf die Ferien.

Focus — Autres verbes à régime prépositionnel

Cochez la bonne traduction en allemand.

Corrigé page 258

1. Tu te souviens de nos dernières vacances en France ?
   - **A** Denkst du an unseren letzten Urlaub in Frankreich?
   - **B** Erinnerst du dich an unseren letzten Urlaub in Frankreich?

2. Nous attendons notre vol pour Berlin.
   - **A** Wir erkundigen uns nach unserem Flug nach Berlin.
   - **B** Wir warten auf unseren Flug nach Berlin.

3. Nous nous renseignons sur les (au sujet des) prix des vols.
   - **A** Wir erkundigen uns nach den Flugpreisen.
   - **B** Wir erinnern uns an die Flugpreise.

4. Je pense à notre voyage.
   - **A** Ich denke an unsere Reise.
   - **B** Ich warte auf unsere Reise.

Module 25
GRUNDLAGEN

Focus Les pronoms interrogatifs avec préposition

Complétez avec la proposition interrogative qui convient.

Corrigé page 258

1. … – An den Sommerurlaub.
   - **A** Woran denkst du?
   - **B** An wen denkst du?

2. … – An dich.
   - **A** Woran denkst du?
   - **B** An wen denkst du?

3. … – Nach den Hotelpreisen.
   - **A** Wornach hast du dich erkundigt?
   - **B** Wonach hast du dich erkundigt?

4. … – Auf den Bus.
   - **A** Worauf wartest du?
   - **B** Auf was wartest du?

5. … – An den schönen Strand und das gute Essen.
   - **A** Womit erinnerst du dich?
   - **B** Woran erinnerst du dich?

6. … – An die junge Amerikanerin in unserer Reisegruppe. *(groupe de voyage)*
   - **A** An wen erinnerst du dich?
   - **B** Woran erinnerst du dich?

7. … – Auf die Ferien.
   - **A** Worauf freust du dich?
   - **B** Was auf freust du dich?

Astuce Avec un verbe à régime prépositionnel, le pronom interrogatif se construit avec une préposition. Pour les êtres animés, on emploie la préposition + **wen** si le verbe se construit avec l'accusatif ou **wem** s'il se construit avec le datif. S'il s'agit de quelque chose d'inanimé, on emploie **wo(r)** + préposition, le **r** valant pour les prépositions commençant par une voyelle.

Module 25
GRUNDLAGEN

Focus **Préposition + pronom personnel ou *da(r)* + pronom personnel**

Cochez la réplique qui convient.

1. Ich denke an den Sommerurlaub.
   - **A** Ich denke auch die ganze Zeit daran.
   - **B** Ich denke auch die ganze Zeit an ihn.

2. Erinnerst du dich an ihren Vater?
   - **A** Ich erinnere mich sehr gut an ihn.
   - **B** Ich erinnere mich sehr gut daran.

3. Ich warte auf mein Visum.
   - **A** Ich warte auch auf es.
   - **B** Ich warte auch darauf.

4. Ich freue mich schon auf die Ferien.
   - **A** Alle freuen sich darauf.
   - **B** Alle freuen sich auf sie.

5. Ich frage mal nach dem Weg.
   - **A** Ich habe schon nach ihm gefragt.
   - **B** Ich habe schon danach gefragt.

Astuce La construction préposition + pronom personnel s'emploie pour désigner un être animé ; la construction **da(r)** + préposition désigne quelque chose d'inanimé. On ajoute un **r** phonétique devant une préposition commençant par une voyelle.

Focus **Dialogue : *schöne Ferien*, bonnes vacances**

Corrigé page 258

Complétez avec les termes qui conviennent.

1. A: So, die Koffer sind ... Ich ... sie in den Eingang.
   - **A** bestätigt / stelle
   - **B** gepackt / stelle
   - **C** gepackt / stehe

2. B: Jetzt ... wir nur noch (plus que) das Taxi ...
   - **A** dürfen / bestellen
   - **B** wollen / anrufen
   - **C** müssen / bestellen

3. A: Um wie ... Uhr gehen wir los? ... 10:00 Uhr oder 9:30 Uhr?
   - **A** viel / Um
   - **B** viel / Am
   - **C** viele / Um

Module 25
WORTSCHATZ

Corrigé page 258

4. B : 10:00 ... ist okay. Wir brauchen nicht mehr als eine halbe ... bis zum Flughafen.

   A Uhr - Stunde   **B** Stunde / Uhr   **C** Uhr / Zeit

5. A: (...) Das ... ist auch bestellt und jetzt fängt unser ... an.

   A Taxi / Urlaub   **B** Flug / Urlaub   **C** Taxi / Ferien

6. A: Wir ... die Arbeit und denken nur ... uns.

   A verlieren / auf   **B** verlieren / an   **C** vergessen / an

Verbes

aus/packen	*défaire* (valise)
aus/wählen	*choisir*
ändern	*modifier*
bestätigen	*confirmer*
buchen	*réserver* (voyage, place)
denken an (+ acc.)	*penser à*
ein/geben	*saisir* (code, numéro)
sich erinnern an (+ acc.)	*se souvenir de*
sich erkundigen nach (+ dat.)	*se renseigner au sujet de*
fragen nach (+ dat.)	*demander* (qqch.)
packen (Koffer) (+ dat.)	*faire* (valise)
sprechen mit (+ dat.)	*parler avec*
warten auf (+ acc.)	*attendre*

Noms

das Abflug- und Rückflugdatum	*vol aller-retour*
die Anzahl (sing.)	*nombre*
der Bauernhof (¨e)	*ferme*
der Berg (e)	*montagne*
der Campingplatz (¨e)	*camping*
das Ferienhaus (¨er)	*maison de vacances*
der Erwachsene (n)	*adulte*

Module 25

WORTSCHATZ

die Freizeit (sing.)	*loisirs*
die Ferienwohnung (en)	*appartement de vacances*
das Gebirge (sing.)	*montagne/chaîne de montagnes*
das Gepäck (sing.)	*bagages*
das Handgepäck (sing.)	*bagage à main*
die Hin- und Rückfahrt	*aller-retour*
das Hotel (s) (sing.)	*hôtel*
die Jugendherberge (n)	*auberge de jeunesse*
die Kartennummer (n)	*numéro de carte*
der Kartentyp (en)	*type de carte*
der Koffer (n)	*valise*
Land (auf dem ~)	*campagne (à la ~)*
das Meer (sing.)	*mer*
die Nordsee (sing.)	*mer du Nord*
die Ostsee (sing.)	*mer Baltique*
der Passagier (e)	*passager*
die Pension (en)	*pension*
die Reise (n)	*voyage*
die Reisetasche (n)	*sac de voyage*
der Rucksack (¨e)	*sac à dos*
der Schnee (sing.)	*neige*
der See (n)	*lac*
die See (n)	*mer*
der Sicherheitscode (s)	*code de sécurité*

Adjectifs/Adverbes

gültig	*valable*
weiter	*continuer*
zurück	*retourner en arrière*

Module 25
LÖSUNGEN

Grundlagen

VOTRE SCORE :

PAGE 249 - Les projet de vacances
1 **A** 2 **B**/**C** 3 **A** 4 **C** 5 **B** 6 **D**

PAGE 249 - Der See/-see ou die See/-see ?
1 **A** 2 **B** 3 **B** 4 **A**

PAGE 250 - Der, die ou das ?
1 **A** 2 **C** 3 **C** 4 **A** 5 **A** 6 **C** 7 **B** 8 **A** 9 **B** 10 **C** 11 **B** 12 **B**

PAGE 251 - Les bagages
1 **C** 2 **A** 3 **A** 4 **B** 5 **A**

PAGE 251 - Les verbes autour du départ en vacances
1 **A**/**B** 2 **A** 3 **A** 4 **B** 5 **A**/**B** 6 **B**

PAGE 252 - Les termes pour réserver en ligne
1 **B** 2 **A** 3 **A** 4 **B** 5 **A** 6 **B** 7 **A** 8 **A** 9 **B** 10 **A** 11 **B** 12 **A** 13 **B**

PAGE 253 - Les verbes à régime prépositionnel **sich freuen auf** + acc., *se réjouir de qqch.* (qui va avoir lieu)
1 **B** 2 **A** 3 **B** 4 **B**

PAGE 253 - Autres verbes à régime prépositionnel
1 **B** 2 **B** 3 **A** 4 **A**

PAGE 254 - Les pronoms interrogatifs avec préposition
1 **A** 2 **B** 3 **B** 4 **A** 5 **B** 6 **A** 7 **A**

PAGE 255 - Préposition + pronom personnel ou **da(r)** + pronom personnel
1 **A** 2 **A** 3 **B** 4 **A** 5 **B**

PAGE 255 - Dialogue : **schöne Ferien**, *bonnes vacances*
1 **B** 2 **C** 3 **A** 4 **A** 5 **A** 6 **C**

Vous avez obtenu entre 0 et 24 ? Revoyez chaque question en prenant un ouvrage de référence du niveau A2, comme *Objectif Langues* (Assimil).

Vous avez obtenu entre 25 et 36 ? C'est encore assez moyen. Revoyez vos erreurs toujours en vous aidant d'un ouvrage de référence.

Vous avez obtenu entre 37 et 54 ? C'est bien. Analysez vos erreurs et si besoin est révisez les points que vous ne maîtrisez pas complètement.

Vous avez obtenu entre 55 et 64 ? C'est très bien. Soyez vigilant aux fautes d'attention.

Vous avez obtenu 65 et plus ? Bravo. Vous pouvez passer au niveau supérieur.

Module 26
GRUNDLAGEN

Focus — À l'aéroport

Cochez la bonne traduction en allemand.

Corrigé page 266

1. le comptoir d'enregistrement
   - **A** der Check-in-Schalter
   - **B** die Sicherheitskontrolle

2. le contrôle de sécurité
   - **A** der Check-in-Schalter
   - **B** die Sicherheitskontrolle

3. le passeport
   - **A** der Reisepass
   - **B** das Gepäckfach

4. le billet d'avion
   - **A** das Gepäckfach
   - **B** das Flugticket

5. le compartiment à bagages
   - **A** das Gepäckfach
   - **B** das Flugticket

Focus — Quelques phrases utiles dans un avion

Cochez la bonne traduction en allemand.

1. Bienvenue à bord.
   - **A** Willkommen an Bord.
   - **B** Das sind Ihre Sitzplätze.

2. Voici vos places.
   - **A** Das sind Ihre Sitzplätze.
   - **B** Das ist Ihr Gepäckfach.

3. Nous allons bientôt décoller.
   - **A** Wir wünschen Ihnen einen schönen Flug.
   - **B** Wir heben in Kürze ab.

4. Veuillez attacher vos ceintures de sécurité s'il vous plaît.
   - **A** Danke, dass Sie mit uns geflogen sind.
   - **B** Schnallen Sie sich bitte an.

5. Nous vous souhaitons un agréable vol.
   - **A** Wir werden in Kürze landen.
   - **B** Wir wünschen Ihnen einen schönen Flug.

Module 26
GRUNDLAGEN

6. Nous allons bientôt atterrir.
   - A Wir werden in Kürze landen.
   - B Schnallen Sie sich bitte an.

7. Veuillez lire nos consignes de sécutité.
   - A Lesen Sie bitte unsere Sicherheitsempfehlungen.
   - B Fliegen Sie bitte mit uns.

8. Nous vous souhaitons un agréable séjour.
   - A Wir wünschen Ihnen einen angenehmen Aufenthalt.
   - B Wir wünschen Ihnen einen schönen Flug.

Focus — Les adverbes de liaison *deshalb*, c'est pourquoi et *trotzdem*, quand même/tout de même

Cochez la réplique qui convient.

1. Mein Flug ist in zwei Stunden.
   - A Trotzdem muss ich jetzt los.
   - B Deshalb muss ich jetzt los.

2. Er hat kein Geld.
   - A Trotzdem fährt er nicht in Urlaub
   - B Deshalb fährt er nicht in Urlaub.

3. Die Reise ist sehr anstrengend. *(fatigant)*
   - A Trotzdem will er wieder da hinfahren.
   - B Deshalb will er wieder da hinfahren.

4. Die Reise ist sehr anstrengend. *(fatigant)*
   - A Trotzdem will er nicht wieder da hinfahren.
   - B Deshalb will er nicht wieder da hinfahren.

Focus À l'hôtel

Complétez avec le terme qui convient.

1. Ich habe ein Zimmer ... *(réservé)*
   - A reserviert
   - B gereserviert

Module 26
GRUNDLAGEN

2. ... den Namen Schmidt. *(au nom de Schmidt)*
   - **A** An
   - **B** Auf

3. Haben Sie ein Zimmer ...? *(libre)*
   - **A** voll
   - **B** frei

4. Das Hotel ist leider ... *(complet)*
   - **A** voll
   - **B** frei

5. Mit oder ... Frühstück? *(sans)*
   - **A** nicht
   - **B** ohne

6. Für eine ... *(nuit)*
   - **A** Nacht
   - **B** Nächte

7. Sie müssen sich an der Rezeption ... *(enregistrer)*
   - **A** anrufen
   - **B** anmelden

Focus — Quelques mots composés

Complétez avec le premier ou le deuxième terme qui convient.

Corrigé page 266

1. das ...buffet *(le buffet du petit déjeuner)*
   - **A** Essens
   - **B** Frühstücks

2. das ...zimmer *(la chambre double)*
   - **A** Doppel
   - **B** Einzel

3. das ...zimmer *(la chambre simple)*
   - **A** Doppel
   - **B** Einzel

4. die ...pension *(la pension complète)*
   - **A** Voll
   - **B** Halb

5. die ...pension *(la demi-pension)*
   - **A** Voll
   - **B** Halb

6. die ...anlage *(l'air conditionné)*
   - **A** Klima
   - **B** Zimmer

7. der Internet... *(la connexion Internet)*
   - **A** anschluss
   - **B** aufzug

8. der Zimmer... *(la clé de chambre)*
   - **A** schlüssel
   - **B** nummer

Module 26
GRUNDLAGEN

Corrigé page 266

9. die Zimmer… *(le numéro de chambre)*
   - **A** schlüssel
   - **B** nummer

10. das Baby… *(le lit de bébé)*
    - **A** bett
    - **B** bad

11. der Miet… *(la voiture de location)*
    - **A** rad
    - **B** wagen

Focus — Quelques mots de la même famille que *die Reise,* le voyage

Cochez la bonne traduction en allemand.

1. le voyageur
   - **A** der Reisende
   - **B** das Reisebüro

2. les projets de voyage
   - **A** der Reisebüro
   - **B** die Reisepläne

3. l'agence de voyage
   - **A** das Reisebüro
   - **B** die Reisepläne

Focus — *Es gibt* + acc., il y a

Complétez avec l'article indéfini ou la négation décliné(e) comme il convient. Le genre des noms est indiqué entre parenthèses.

1. Gibt es … Fernseher *(masc.)*? *Y-a-t-il une télévision ?*
   - **A** einen
   - **B** einem
   - **C** eine

2. Gibt es … Minibar *(fém.)*? *Y-a-t-il un minibar ?*
   - **A** ein
   - **B** einer
   - **C** eine

3. Es gibt … Schwimmbad *(neut.)*. *Il y a une piscine.*
   - **A** ein
   - **B** eins
   - **C** einen

4. Gibt es … Fitnessraum *(masc.)*? *Y-a-t-il une salle de musculation/de gym ?*
   - **A** einen
   - **B** einem
   - **C** einer

5. Es gibt … Sauna *(fém.)*. *Il n'y a pas de sauna.*
   - **A** keinen
   - **B** kein
   - **C** keine

Module 26
GRUNDLAGEN

Focus L'emploi de *der*, *die*, *das* au lieu des pronoms personnels

Remplacez le pronom personnel souligné par le démonstratif qui convient.

1. Wir haben noch ein Zimmer mit Dusche. Ich nehme <u>es</u>.
   - **A** der
   - **B** die
   - **C** das

2. Ja, wir haben einen Fitnessraum. <u>Er</u> ist oben im 6. Stock.
   - **A** Der
   - **B** Die
   - **C** Das

3. Ich war in der Sauna. <u>Sie</u> ist groß und schön.
   - **A** Der
   - **B** Die
   - **C** Das

4. Ich finde unseren Zimmerschlüssel nicht. Hast du <u>ihn</u>?
   - **A** der
   - **B** den
   - **C** dem

5. Du kannst bei meinen Eltern übernachten *(passer la nuit)*.
   – Ich werde auch bei <u>ihnen</u> übernachten.
   - **A** den
   - **B** der
   - **C** denen

Focus Dialogue : *Im Flieger*, dans l'avion

Corrigé page 266

Complétez avec les termes qui conviennent.

1. A: ... an Bord! Das sind Ihre ...
   - **A** Willkommen / Sitzplätze
   - **B** Willkommen / Koffer

2. B: Sie können Ihre ... ins Gepäckfach legen. Hier ist noch viel ...
   - **A** Tasche / voll
   - **B** Tasche / Platz

3. A: (2 Stunden später) Schnallen ... sich bitte an. *(mettez votre ceinture, litt. attachez-vous)*. Wir werden in Kürze ...
   - **A** euch / landen
   - **B** Sie / landen

4. A: Danke, dass Sie mit uns ... sind. Wir ... Ihnen eine schönen Aufenthalt.
   - **A** geflogen / wünschen
   - **B** gefliegen / fragen

Focus Dialogue : im Hotel, à l'hôtel

Complétez avec les termes qui conviennent.

1. A: Guten Tag, wir haben ein ... auf den ... Maler reserviert.
   - **A** Doppelbett / Name
   - **B** Doppelzimmer / Namen

Module 26
WORTSCHATZ

2. B: Ja, ein Doppelzimmer mit ... und Sie ... bis zum 15. Richtig? *(C'est juste ?)*
   - **A** Schwimmbad / werden
   - **B** Bad / bleiben

3. A: Ja, das ist ... Wir haben auch Halbpension ...
   - **A** richtig / genommen
   - **B** richtig / nehmen

Corrigé page 266

4. B: ... Sie bitte dieses ... ausfüllen?
   - **A** Könnten / Formular
   - **B** Müssen / Formular

5. B: Dann benötige *(ai besoin)* ich auch Ihren ... oder Ihren ...
   - **A** Reisepass / Ausweis
   - **B** Reisepass / Sonnenbrille

6. B: Vielen Dank! Hier ist Ihr ... Sie haben ... Zimmer 163.
   - **A** Aufzug / das
   - **B** Zimmerschlüssel / das

7. A: Könnten ... uns bitte einen zweiten ...geben?
   - **A** sie / Zimmer
   - **B** Sie / Schlüssel

8. B: Ja, klar. Hier ist ... zweite Schlüssel. Der ... ist hinten rechts.
   - **A** den / Zug
   - **B** der / Aufzug

Verbes

ab/heben	*décoller*
an/melden (sich ~)	*s'enregistrer*
an/schnallen (sich ~)	*attacher sa ceinture*
landen	*atterrir*
wünschen	*souhaiter*

Noms

der Aufenthalt (e)	*séjour*
das Babybett (en)	*lit de bébé*

Module 26
WORTSCHATZ

der Check-in Schlater (-)	*comptoir d'enregistrement*
Bord (an ~)	*bord (à ~)*
das Doppelzimmer (-)	*chambre double*
das Einzelzimmer (-)	*chambre simple*
der Fitnessraum (¨e)	*salle de musculation/gym*
das Flugticket (s)	*billet d'avion*
der Flug (¨e)	*vol*
das Frühstücksbuffet (s)	*buffet du petit-déjeuner*
das Gepäckfach (¨er)	*compartiment à bagages*
die Halbpension (sing.)	*demi-pension*
der Internetanschluss (¨e)	*connexion Internet*
die Klimaanlage (n)	*air conditionné*
der Mietwagen (-)	*voiture de location*
die Minibar (s)	*mini-bar*
das Reisebüro (s)	*agence de voyage*
der Reisende (n)	*voyageur*
der Reisepass (¨e)	*passeport*
die Reisepläne (plur.)	*projets de voyage*
die Sauna (s)	*sauna*
die Sicherheitskontrolle (n)	*contrôle de sécurité*
der Sitzplatz (¨e)	*place assise*
die Vollpension (sing.)	*pension complète*
der Zimmerschlüssel (-)	*clé de chambre*
die Zimmernummer (n)	*numéro de chambre*

Adjectifs

| frei | *libre* |
| voll | *complet* |

Locutions

| in Kürze | *bientôt* |
| willkommen | *bienvenue* |

Module 26
LÖSUNGEN

Grundlagen

VOTRE SCORE :

PAGE 259 - À l'aéroport
1 **A** 2 **B** 3 **A** 4 **B** 5 **A**

PAGE 259 - Quelques phrases utiles dans un avion
1 **A** 2 **A** 3 **B** 4 **B** 5 **B** 6 **A** 7 **A** 8 **A**

PAGE 260 - Les adverbes de liaison **deshalb**, *c'est pourquoi* et **trotzdem**, *quand même/tout de même*
1 **B** 2 **B** 3 **A** 4 **B**

PAGE 260 - À l'hôtel
1 **A** 2 **B** 3 **B** 4 **A** 5 **B** 6 **A** 7 **B**

PAGE 261 - Quelques mots composés
1 **B** 2 **A** 3 **B** 4 **A** 5 **B** 6 **A** 7 **A** 8 **A** 9 **B** 10 **A** 11 **B**

PAGE 262 - Quelques mots de la même famille que **die Reise**, *le voyage*
1 **A** 2 **B** 3 **A**

PAGE 262 - **Es gibt** + acc., *il y a*
1 **A** 2 **C** 3 **A** 4 **A** 5 **C**

PAGE 263 - L'emploi de **der, die, das** au lieu des pronoms personnels
1 **C** 2 **A** 3 **B** 4 **B** 5 **C**

PAGE 263 - Dialogue : **im Flieger**, *dans l'avion*
1 **A** 2 **B** 3 **B** 4 **A**

PAGE 263 - Dialogue : **im Hotel**, *à l'hôtel*
1 **B** 2 **B** 3 **A** 4 **A** 5 **A** 6 **B** 7 **B** 8 **B**

Vous avez obtenu entre 0 et 20 ? Revoyez chaque question en prenant un ouvrage de référence du niveau A2, comme *Objectif Langues* (Assimil).

Vous avez obtenu entre 21 et 30 ? C'est encore assez moyen. Revoyez vos erreurs toujours en vous aidant d'un ouvrage de référence.

Vous avez obtenu entre 31 et 45 ? C'est bien. Analysez vos erreurs et si besoin est révisez les points que vous ne maîtrisez pas complètement.

Vous avez obtenu entre 46 et 54 ? C'est très bien. Soyez vigilant aux fautes d'attention.

Vous avez obtenu 55 et plus ? Bravo. Vous pouvez passer au niveau supérieur.

Module 27
GRUNDLAGEN

Focus Le monde et l'espace

Cochez la bonne traduction en allemand.

Corrigé page 274

1. le monde
   - **A** die Erde
   - **B** die Welt
2. la Terre
   - **A** die Erde
   - **B** die Welt
3. le ciel
   - **A** der Stern
   - **B** der Himmel
4. l'étoile
   - **A** der Stern
   - **B** der Himmel
5. le Soleil
   - **A** der Mond
   - **B** die Sonne
6. La Lune
   - **A** der Mond
   - **B** die Sonne
7. l'environnement
   - **A** die Umwelt
   - **B** die Luft
8. l'air
   - **A** die Umwelt
   - **B** die Luft
9. la planète
   - **A** der Planet
   - **B** die Luft

Focus La nature

Cochez la bonne traduction en allemand.

1. l'arbre
   - **A** die Blume
   - **B** der Baum
2. la fleur
   - **A** die Blume
   - **B** der Baum
3. la plante
   - **A** die Pflanze
   - **B** das Tier
4. l'animal
   - **A** die Pflanze
   - **B** das Tier

Module 27
GRUNDLAGEN

5. la forêt
   - **A** das Gras
   - **B** der Wald
6. l'herbe
   - **A** das Gras
   - **B** der Wald
7. la plage
   - **A** der Sand
   - **B** der Strand
8. le sable
   - **A** der Sand
   - **B** der Strand

Trouvez l'intrus.

1. la feuille / la branche / le tronc
   - **A** das Blatt
   - **B** der Zweig
   - **C** der Stuhl
   - **D** der Stamm
2. l'eau / la vague / le port
   - **A** das Wasser
   - **B** der Wagen
   - **C** die Welle
   - **D** der Hafen
3. la pierre / le sapin / l'herbe
   - **A** der Stein
   - **B** die Tanne/der Tannenbaum
   - **C** das Gras
   - **D** die Tafel

Focus Les animaux

Cochez la bonne traduction en allemand.

1. la vache
   - **A** die Kuh
   - **B** das Pferd
2. le cheval
   - **A** die Kuh
   - **B** das Pferd
3. le cochon
   - **A** das Schaf
   - **B** das Schwein
4. le mouton
   - **A** das Schaf
   - **B** das Schwein

Module 27
GRUNDLAGEN

5. le coq
   - Ⓐ das Huhn
   - Ⓑ der Hahn

6. la poule
   - Ⓐ das Huhn
   - Ⓑ der Hahn

7. l'oiseau
   - Ⓐ der Fisch
   - Ⓑ der Vogel

8. le poisson
   - Ⓐ der Fisch
   - Ⓑ der Vogel

Focus **Le pluriel**

Cochez le bon pluriel des mots indiqués.

Corrigé page 274

1. der Baum
   - Ⓐ die Baume
   - Ⓑ die Bäume
   - Ⓒ die Baumen

2. die Blume
   - Ⓐ die Blüme
   - Ⓑ die Blumen
   - Ⓒ die Blümen

3. die Pflanze
   - Ⓐ die Pflanzen
   - Ⓑ die Pflänze
   - Ⓒ die Pflänzen

4. das Tier
   - Ⓐ die Tierer
   - Ⓑ die Tieren
   - Ⓒ die Tiere

5. der Berg
   - Ⓐ die Berge
   - Ⓑ die Bergen
   - Ⓒ die Berger

6. der Vogel
   - Ⓐ die Vögel
   - Ⓑ die Vogeln
   - Ⓒ die Vogel

7. der Fisch
   - Ⓐ die Fischer
   - Ⓑ die Fischen
   - Ⓒ die Fische

Astuce La majorité des monosyllabes prend un **Umlaut**, inflexion, au pluriel.

Module 27
GRUNDLAGEN

Focus L'écologie

Complétez avec le terme qui convient.

> Corrigé page 274

1. Wir wollen die Umwelt ... *(protéger)*
   - **A** verschmutzen
   - **B** schützen

2. Wir ... unsere Umwelt. *(polluons)*
   - **A** verschmutzen
   - **B** säubern

3. Wir sollen die Strände ... *(nettoyer)*
   - **A** säubern
   - **B** trennen

4. Es ist wichtig den Müll *(déchets)* zu ... *(trier)*.
   - **A** schützen
   - **B** trennen

5. Was kann man gegen ... tun? *(pollution de l'environnent)*
   - **A** Umweltverschmutzung
   - **B** Umweltschutz

6. Warum ist ... wichtig? *(protection de l'environnement)*
   - **A** Umweltverschmutzung
   - **B** Umweltschutz

7. In jedem Haushalt *(foyer)* gibt es vier ... *(poubelles)*.
   - **A** Mülltonnen
   - **B** Umweltschutz

Astuce Souvenez-vous que **schmutzig** signifie *sale* et **sauber** *propre*.

Focus La tournure impérative *lass/lasst uns ...!*

Cochez le slogan qui convient.

1. Protégeons l'environnement !
   - **A** Lasst uns unsere Umwelt schützen!
   - **B** Lasst uns die Welt retten!

2. Faisons attention à nos plages !
   - **A** Lasst uns auf unsere Strände aufpassen!
   - **B** Lasst uns auf unsere Strände warten!

3. Plantons des arbres !
   - **A** Lasst uns Blumen pflanzen!
   - **B** Lasst uns Bäume pflanzen!

Module 27
GRUNDLAGEN

4. Sauvons la Terre !
   - **A** Lasst uns die Erde retten!
   - **B** Lasst uns die Erde verschmutzen!

5. Produisons ensemble moins de déchets !
   - **A** Lasst uns zusammen weniger Umweltschutz produzieren!
   - **B** Lasst uns zusammen weniger Müll produzieren!

6. Pensons au futur !
   - **A** Lasst uns über die Zukunft freuen!
   - **B** Lasst uns an die Zukunft denken!

> **Astuce** À la première personne du pluriel de l'impératif, on peut également employer la tournure **lass/lasst uns** + verbe à l'infinitif. Elle équivaut au **let's** + verbe à l'infinitif anglais. On emploie **lass** pour s'adresser à une personne que l'on tutoie et **lasst** à plusieurs personnes que l'on tutoie.

Cochez la bonne traduction en allemand.

1. Allons-y !
   - **A** Lass/Lasst uns gehen!
   - **B** Lass/Lasst uns reden!

2. Faisons quelque chose contre ça !
   - **A** Lass/Lasst uns etwas dafür tun!
   - **B** Lass/Lasst uns etwas dagegen tun!

3. Levons-nous !
   - **A** Lass/Lasst uns stehen!
   - **B** Lass/Lasst uns aufstehen!

4. Trinquons !
   - **A** Lass/Lasst uns trinken!
   - **B** Lass/Lasst uns anstoßen!

Focus — Le passif d'action au présent de l'indicatif : 3ᵉ pers. sing. et plur.

Cochez la bonne traduction en allemand.

1. On nettoie les plages
   - **A** Die Strände werden gesäubert.
   - **B** Die Strände wird gesäubert.

2. On protège la nature.
   - **A** Die Natur werden geschützt.
   - **B** Die Natur wird geschützt.

3. Comment trie-t-on les déchets ?
   - **A** Wie wird der Müll getrennt?
   - **B** Wie wird der Müll trennen?

Module 27
WORTSCHATZ

4. De nombreux kilomètres carrés de forêt sont détruits.

   A Viele Quadratkilometer Wald wird zestört.
   B Viele Quadratkilometer Wald werden zestört.

> **Astuce** En allemand, au présent de l'indicatif, le passif d'action se forme avec l'auxiliaire **werden** au présent + participe passé. En français, il se traduit souvent avec le pronom impersonnel *on*.

Verbes

an/stoβen	*trinquer*
auf/passen auf (+ acc)	*faire attention à*
lass/lasst uns (+ verbe inf.)	*impératif* (1re pers. plur.)
laufen (gut ~)	*marcher (bien ~)*
produzieren	*produire*
reden über (+ acc)	*parler de*
retten	*sauver*
säubern	*nettoyer*
schützen	*protéger*
verschmutzen	*polluer*

Noms

der Baum (¨e)	*arbre*
das Blatt (¨er)	*feuille*
die Blume (n)	*fleur*
die Erde (sing.)	*Terre*
der Fisch (e)	*poisson*
das Gras (sing.)	*herbe*
der Hafen (¨)	*port*
der Hahn (¨e)	*coq*
der Himmel (sing.)	*ciel*
das Huhn (¨er)	*poule*

Module 27
WORTSCHATZ

die Kuh (¨e)	*vache*
die Luft (sing.)	*air*
der Mond (e)	*Lune*
der Müll (sing.)	*déchets*
die Mülltonne (n)	*poubelle*
das Pferd (e)	*cheval*
die Pflanze (n)	*plante*
der Planet (en)	*planète*
der Sand (sing.)	*sable*
das Schaf (e)	*mouton*
das Schwein (e)	*cochon*
der Stamm (¨e)	*tronc*
der Stein (e)	*pierre*
der Stern (e)	*étoile*
der Strand (¨e)	*plage*
die Tanne (n)/der Tannenbaum (¨e)	*sapin*
das Tier (e)	*animal*
die Umwelt (sing.)	*environnement*
der Umweltschutz (sing.)	*protection de l'environnement*
die Umweltverschmutzung (sing.)	*pollution de l'environnement*
der Vogel (¨)	*oiseau*
das Wasser (sing.)	*eau*
der Wald (¨er)	*forêt*
die Welle (n)	*vague*
die Welt (sing.)	*monde*
der Zweig (e)	*branche*
die Zukunft (sing.)	*avenir*

Module 27
LÖSUNGEN

Grundlagen

PAGE 267
Le monde et l'espace
1 **B** 2 **A** 3 **B** 4 **A** 5 **B** 6 **A** 7 **A** 8 **B** 9 **A**

PAGES 267-268
La nature
1 **B** 2 **A** 3 **A** 4 **B** 5 **B** 6 **A** 7 **B** 8 **A**
1 **C** 2 **B** 3 **D**

PAGE 268
Les animaux
1 **A** 2 **B** 3 **B** 4 **A** 5 **B** 6 **A** 7 **B** 8 **A**

PAGE 269
Le pluriel
1 **B** 2 **B** 3 **A** 4 **C** 5 **A** 6 **A** 7 **C**

PAGE 270
L'écologie
1 **B** 2 **A** 3 **A** 4 **B** 5 **A** 6 **B** 7 **A**

PAGES 270-271
La tournure impérative **lass/lasst uns …!**
1 **A** 2 **A** 3 **B** 4 **A** 5 **B** 6 **B**
1 **A** 2 **B** 3 **B** 4 **B**

PAGE 271
Le passif d'action au présent de l'indicatif : 3ᵉ pers. sing. et plur.
1 **A** 2 **B** 3 **A** 4 **B**

Vous avez obtenu entre 0 et 18 ? Revoyez chaque question en prenant un ouvrage de référence du niveau A2, comme *Objectif Langues* (Assimil).

Vous avez obtenu entre 19 et 28 ? C'est encore assez moyen. Revoyez vos erreurs toujours en vous aidant d'un ouvrage de référence.

Vous avez obtenu entre 29 et 42 ? C'est bien. Analysez vos erreurs et si besoin est révisez les points que vous ne maîtrisez pas complètement.

Vous avez obtenu entre 43 et 50 ? C'est très bien. Soyez vigilant aux fautes d'attention.

Vous avez obtenu 51 et plus ? Bravo. Vous pouvez passer au niveau supérieur.

Module 28
GRUNDLAGEN

Focus L'ordinateur et le portable

Cochez la bonne traduction en allemand.

Corrigé page 283

1. l'imprimante
   - **A** der Drucker
   - **B** der Computer
   - **C** der Bildschirm

2. l'ordinateur
   - **A** der Drucker
   - **B** der Computer
   - **C** der Bildschirm

3. l'écran
   - **A** der Drucker
   - **B** die Datei
   - **C** der Bildschirm

4. la souris
   - **A** der Drucker
   - **B** die Datei
   - **C** die Maus

5. le fichier
   - **A** der Drucker
   - **B** die Datei
   - **C** die Maus

Focus Le présent de l'indicatif des verbes *surfen* et *chatten*

Complétez avec la forme du verbe au présent de l'indicatif qui convient.

1. Ich ...gern im Internet.
   - **A** surf
   - **B** surfe
   - **C** surfte

2. Und ihr? ... ihr auch gern im Internet?
   - **A** Surft
   - **B** Surftet
   - **C** Surfte

3. Ja, wir ... auch gern im Internet.
   - **A** surft
   - **B** surften
   - **C** surfen

4. ... Sie oft mit Freunden?
   - **A** Chattet
   - **B** Chatt
   - **C** Chatten

5. Du ... oft mit deinem Freund.
   - **A** chattes
   - **B** chattest
   - **C** chattet

Module 28
GRUNDLAGEN

Corrigé page 283

6. Er ... mit seiner Freundin.

   A chatt **B** chätt **C** chattet

Astuce Les verbes **surfen** et **chatten** sont empruntés à l'anglais. Ce sont des verbes réguliers.

Focus Phrases autour de l'informatique et des nouvelles technologies

Complétez avec le verbe qui convient.

1. Ich ... eine E-Mail/eine WhatsApp/eine SMS. *(écris)*

   A höre **B** bekomme **C** schreibe

2. Wie viele Mails ... du pro Tag? *(reçois)*

   A schickst **B** bekommst **C** schreibst

3. Ich ... dir sorfort die Mail. *(envoie)*

   A schicke **B** suche **C** schreibe

4. Ich ... gern Musik auf YouTube. *(écoute)*

   A lese **B** suche **C** höre

5. Ich ... Informationen im Internet. *(cherche)*

   A schicke **B** suche **C** höre

6. Ich ... die Nachrichten online. *(lis)*

   A lese **B** suche **C** höre

7. Ich ... den Computer ... *(allume)*

   A mache ... an **B** lade ... auf **C** drucke ... an

8. Ich ... den Computer ... *(éteins)*

   A drucke ... aus **B** mache ... aus **C** drucke ... an

9. Ich ... das Dokument ... *(imprime)*

   A drucke ... aus **B** mache ... aus **C** mache ... an

10. Ich ... mein Handy ... *(charge)*

    A drucke ... aus **B** mache ... aus **C** lade ... auf

Module 28
GRUNDLAGEN

Complétez avec le participe passé qui convient.

1. Hast du die Whatsapp ...?
   - **A** geschreibt
   - **B** geschrieben
   - **C** geschriebt

2. Haben Sie meine Mail ...?
   - **A** bekommt
   - **B** bekamen
   - **C** bekommen

3. Habt ihr im Internet ...?
   - **A** gesucht
   - **B** gesuchen
   - **C** gesuchtet

4. Habt ihr auch Musik auf YouTube ...?
   - **A** gehört
   - **B** gehören
   - **C** gehöret

5. Warum habt ihr nicht die Nachrichten im Internet ...?
   - **A** geliesen
   - **B** gelest
   - **C** gelesen

6. Wann hat er die Mail ...?
   - **A** geschicken
   - **B** geschickt
   - **C** geschicktet

7. Habt ihr den Computer ...?
   - **A** geausmacht
   - **B** ausmacht
   - **C** ausgemacht

8. Wir haben den Computer ...
   - **A** geangemacht
   - **B** angemacht
   - **C** geanmacht

9. Ich habe die Dokumente ...
   - **A** ausgedruckt
   - **B** ausdrucken
   - **C** gedruckt

Focus — Les verbes à particule construits à partir de *machen*, *suchen* et *kommen*

Corrigé page 283

Complétez avec le verbe qui convient.

1. Kannst du bitte die Tür ...? *(fermer)*
   - **A** zumachen
   - **B** aufmachen

2. Kannst du bitte die Tür ...? *(ouvrir)*
   - **A** zumachen
   - **B** aufmachen

Module 28
GRUNDLAGEN

Corrigé page 283

3. Ich würde gern meine Tante ... *(rendre visite)*
   - **A** besuchen
   - **B** versuchen

4. Wir können es gern mal ... *(essayer)*
   - **A** besuchen
   - **B** versuchen

5. Sie können ... *(entrer)*
   - **A** hereinkommen*
   - **B** ankommen

6. Er wird früher ... *(arriver)*
   - **A** hereinkommen
   - **B** ankommen

* À l'oral, on emploie fréquemment l'abréviation **reinkommen** à la place de **hereinkommen**.

Focus Les pronoms relatifs au nominatif, accusatif et datif

Complétez avec le pronom relatif qui convient. Dans la première partie, le cas et le genre ou le nombre du pronom relatif à employer sont indiqués.

1. Ich suche einen Computer, ... nicht teuer ist. *(nom. masc.)*
   - **A** der
   - **B** den
   - **C** die

2. Hast du das Kabel *(cable)*, ... auf dem Tisch lag? *(nom. neut.)*
   - **A** den
   - **B** der
   - **C** das

3. Hier ist das Dokument, ... ich ausgedruckt habe. *(acc. neut.)*
   - **A** den
   - **B** die
   - **C** das

4. Hast du die Mail gelesen, ... ich dir geschickt habe? *(acc. fém.)*
   - **A** dem
   - **B** die
   - **C** der

5. Ist das der Film, ... ihr gestern gesehen habt? *(acc. masc.)*
   - **A** den
   - **B** die
   - **C** denen

6. Wer ist die Person, mit ... du den ganzen Tag chattest? *(dat. fém.)*
   - **A** dem
   - **B** die
   - **C** der

7. Magst du das neue Handy, ... er sich gekauft hat?
   - **A** das
   - **B** den
   - **C** der

Module 28
GRUNDLAGEN

8. Ist das der Computer, ... du dir kaufen möchtest?
   - **A** den
   - **B** der
   - **C** denen

9. Wer ist der Junge, ... du dein Handy geschenkt hast?
   - **A** den
   - **B** der
   - **C** dem

10. Wer sind die Kinder, mit ... du die ganze Zeit Computerspiele spielst?
    - **A** dem
    - **B** denen
    - **C** der

11. Ist das die WhatsApp, ... er dir geschickt hat?
    - **A** denen
    - **B** die
    - **C** das

12. Das ist ein alter Computer, ... ich vor zwanzig Jahren gekauft habe.
    - **A** der
    - **B** denen
    - **C** den

Focus — La communication

Cochez la bonne traduction en allemand.

Corrigé page 283

1. le journal (papier)
   - **A** die Zeitung
   - **B** die Zeitschrift
   - **C** die Nachrichten

2. le magazine
   - **A** die Zeitung
   - **B** die Zeitschrift
   - **C** die Nachrichten

3. les informations
   - **A** die Zeitung
   - **B** die Zeitschrift
   - **C** die Nachrichten

4. la chaîne de télévision
   - **A** das Fernsehen
   - **B** der Fernseher
   - **C** das Programm

5. la télévision (média)
   - **A** das Fernsehen
   - **B** der Fernseher
   - **C** das Programm

6. le poste de télé
   - **A** das Fernsehen
   - **B** der Fernseher
   - **C** das Programm

Module 28
GRUNDLAGEN

Focus Les verbes *fernsehen*, regarder la télévision et *lesen*, lire

Complétez avec la forme du verbe qui convient.

Corrigé page 283

1. Ich sehe oft fern. Und du? ... du auch oft fern.
   - **A** Sehst
   - **B** Siehst
   - **C** Sihst

2. Mein Bruder ... nicht gern fern.
   - **A** seht
   - **B** sieht
   - **C** siht

3. Heute Abend sehen wir fern. ... ihr heute Abend auch fern?
   - **A** Seht
   - **B** Sieht
   - **C** Siht

4. Die Kinder sehen gern fern. Und Sie? ... Sie auch fern?
   - **A** Sehen
   - **B** Siehen
   - **C** Sihen

5. ... Sie die Zeitung?
   - **A** Lesen
   - **B** Liest
   - **C** Liesen

6. Meine Kinder lesen gern Sportzeitschriften. ... dein Sohn auch gern Sportzeitschriften?
   - **A** Lest
   - **B** Liest
   - **C** List

7. Was für Zeitschriften ... du?
   - **A** lest
   - **B** liest
   - **C** lies

8. Ich ... Sport- und Musikzeitschriften.
   - **A** lese
   - **B** liese
   - **C** lis

9. Wir lesen die Zeitung auf dem Handy. Und ihr? ... ihr auch die Zeitung auf dem Handy?
   - **A** Lest
   - **B** Liest
   - **C** Lies

10. Hast du gestern Abend ...?
    - **A** fernsehen
    - **B** gefernseht
    - **C** ferngesehen

11. Hast du die Zeitung ...?
    - **A** geliest
    - **B** geliesen
    - **C** gelesen

Module 28
GRUNDLAGEN

Focus Les formules utilisées pour la communication écrite

Cochez la formule adaptée au contexte. Il peut y avoir plusieurs réponses possibles.

1. Début d'un message/lettre adressé/e à un/e ami/e.
   - **A** Hallo Tom/Laura
   - **B** Sehr geehrte(r)* Tom/Laura
   - **C** Liebe(r)* Tom/ Laura

2. Début d'un message/lettre formel/le.
   - **A** Hallo Herr/Frau Maier
   - **B** Sehr geehrte(r) Herr/Frau Maier
   - **C** Liebe(r) Herr/Frau Maier

3. Fin d'un message/lettre à un/e ami/e.
   - **A** Lieben Gruß / Liebe Grüße.**
   - **B** Mit freundlichem Gruß / Mit freundlichen Grüßen.**
   - **C** Alles Liebe!

4. Fin d'un message/lettre formel/le.
   - **A** Lieben Gruß / Liebe Grüße.
   - **B** Mit freundlichem Gruß / Mit freundlichen
   - **C** Alles Liebe!

* On ajoute un **r** au masculin.
** Ces formules terminatives s'emploient aussi bien au singulier qu'au pluriel.

Focus Dialogue : *der Gebrauchtcomputer,* l'ordinateur d'occasion

Corrigé page 283

Complétez avec les termes qui conviennent.

1. A: Ich muss mir einen ... kaufen. Meiner *(le mien)* ist schon sehr ...
   - **A** Computer / neu
   - **B** Computer / alt
   - **C** Maus / alt

2. B: ... alt ist ... Computer?
   - **A** Was / sein
   - **B** Wie viel / dein
   - **C** Wie / dein

3. A: Ich ... ihn schon seit 8 ...
   - **A** hat / Jahren
   - **B** habe / Jahren
   - **C** habe / Wochen

4. B: Es ist ..., dass du dir einen anderen Computer ...
   - **A** Zeit / verkaufst
   - **B** Zeit / kaufst
   - **C** Uhr / kaufst

5. B: ... du einen neuen Computer ... einen Gebrautcomputer ?
   - **A** Darfst / oder
   - **B** Willst / aber
   - **C** Willst / oder

6. A: Einen Gebrauchtcomputer. Ich habe ... Geld für ... neuen Computer.
   - **A** kein / einen
   - **B** nicht / einem
   - **C** kein / einer

Module 28
WORTSCHATZ

Verbes

an/machen	*allumer* (appareil électrique, lumière)
auf/machen	*ouvrir*
aus/machen	*éteindre* (appareil électrique, lumière)
bekommen	*recevoir*
besuchen	*rendre visite*
chatten	*chatter*
fern/sehen	*regarder la télévision*
herein/kommen	*entrer*
surfen	*surfer*
zu/machen	*fermer*

Noms

der Bildschirm (e)	*écran*
der Computer (-)	*ordinateur*
der Drucker (-)	*imprimante*
das Fernsehen (sing.)	*télévision (média)*
der Gebrautcomputer (-)	*ordinateur d'occasion*
das Kabel (-)	*cable*
die Maus (¨e)	*souris*
die Nachrichten (plur.)	*informations*
das Programm (e)	*chaîne de télévision*
die Zeitschrift (en)	*magazine*
die Zeitung (en)	*journal*

Expressions idiomatiques

Alles Liebe	*Je t'embrasse/Amicalement*
Lieben Gruß/Liebe Grüße	*Je t'embrasse/Amicalement*
Mit freundlichem Gruβ/ freundlichen Grüßen	*Cordialement*
Lieber/Liebe …	*Cher/Chère…* (informel)
Sehr geehrter/geehrte …	*Cher/Chère…* (formel)

Module 28
LÖSUNGEN

Grundlagen

PAGE 275 - L'ordinateur et le portable
1 **A** 2 **B** 3 **C** 4 **C** 5 **B**

PAGE 275 - Le présent de l'indicatif des verbes **surfen** et **chatten**
1 **B** 2 **A** 3 **C** 4 **C** 5 **B** 6 **C**

PAGES 276-277 - Phrases autour de l'informatique et des nouvelles technologies
1 **C** 2 **B** 3 **A** 4 **C** 5 **B** 6 **A** 7 **A** 8 **B** 9 **A** 10 **C**
1 **B** 2 **C** 3 **A** 4 **A** 5 **C** 6 **B** 7 **C** 8 **B** 9 **A**

PAGE 277 - Les verbes à particule construits à partir de **machen**, **suchen** et **kommen**
1 **A** 2 **B** 3 **A** 4 **B** 5 **A** 6 **B**

PAGE 278 - Les pronoms relatifs au nominatif, accusatif et datif
1 **A** 2 **C** 3 **C** 4 **B** 5 **A** 6 **C** 7 **A** 8 **A** 9 **C** 10 **B** 11 **B** 12 **C**

PAGE 279 - La communication
1 **A** 2 **B** 3 **C** 4 **C** 5 **A** 6 **B**

PAGE 280 - Les verbes **fernsehen**, *regarder la télévision* et **lesen**, *lire*
1 **B** 2 **B** 3 **A** 4 **A** 5 **A** 6 **B** 7 **B** 8 **A** 9 **A** 10 **C** 11 **C**

PAGE 281 - Les formules utilisées pour la communication écrite
1 **A/C** 2 **B** 3 **A/C** 4 **B**

PAGE 281 - Dialogue : **Gebrauchtcomputer**, *l'ordinateur d'occasion*
1 **B** 2 **C** 3 **B** 4 **B** 5 **C** 6 **A**

Vous avez obtenu entre 0 et 25 ? Revoyez chaque question en prenant un ouvrage de référence du niveau A2, comme *Objectif Langues* (Assimil).

Vous avez obtenu entre 26 et 37 ? C'est encore assez moyen. Revoyez vos erreurs toujours en vous aidant d'un ouvrage de référence.

Vous avez obtenu entre 38 et 56 ? C'est bien. Analysez vos erreurs et si besoin est révisez les points que vous ne maîtrisez pas complètement.

Vous avez obtenu entre 57 et 67 ? C'est très bien. Soyez vigilant aux fautes d'attention.

Vous avez obtenu 68 et plus ? Bravo. Vous pouvez passer au niveau supérieur.

Module 29
GRUNDLAGEN

Focus **Les adjectifs autour des sentiments/émotions**

Cochez la bonne traduction en allemand.

Corrigé page 293

1. méchant/fâché
   - **A** lieb
   - **B** böse
   - **C** traurig

2. gentil
   - **A** lieb
   - **B** lustig
   - **C** verliebt

3. drôle
   - **A** glücklich
   - **B** lustig
   - **C** nervös

4. nerveux
   - **A** böse
   - **B** nett
   - **C** nervös

5. calme
   - **A** ruhig
   - **B** verliebt
   - **C** böse

6. sympathique
   - **A** glücklich
   - **B** nett
   - **C** lustig

7. triste
   - **A** traurig
   - **B** ernst
   - **C** ruhig

8. amoureux
   - **A** ruhig
   - **B** verliebt
   - **C** lieb

9. stressé
   - **A** nervös
   - **B** böse
   - **C** gestresst

10. sérieux
    - **A** ernst
    - **B** böse
    - **C** gestresst

11. heureux
    - **A** lustig
    - **B** glücklich
    - **C** gestresst

Module 29
GRUNDLAGEN

Focus — Les noms autour des sentiments/émotions

Cochez la bonne traduction en allemand.

1. l'amour
   - A die Liebe
   - B das Glück
   - C die Freude

2. la joie
   - A das Unglück
   - B die Freude
   - C die Ruhe

3. le calme/la tranquillité
   - A die Liebe
   - B die Freude
   - C die Ruhe

4. la malchance
   - A das Unglück
   - B die Angst
   - C die Ruhe

5. le stress
   - A die Freundschaft
   - B der Stress
   - C die Angst

6. la peur
   - A die Ruhe
   - B der Stress
   - C die Angst

7. l'amitié
   - A die Freundschaft
   - B die Angst
   - C die Ruhe

Focus — Les adverbes

Cochez la bonne traduction en allemand.

Corrigé page 293

1. toujours
   - A vielleicht
   - B schon
   - C immer

2. encore
   - A noch
   - B schon
   - C immer

3. peut-être
   - A noch
   - B vielleicht
   - C auch

Module 29
GRUNDLAGEN

Corrigé page 293

4. aussi
   - **A** noch
   - **B** schon
   - **C** auch

5. déjà
   - **A** noch
   - **B** schon
   - **C** auch

Focus — Les adverbes de négation : *nicht*, ne … pas, *nie(mals)*, jamais, *noch nicht*, pas encore et *nicht mehr*, plus

Cochez le contraire de la phrase indiquée avec la négation qui convient.

1. Er ist immer glücklich.
   - **A** Er ist noch nicht glücklich.
   - **B** Er ist nie/niemals glücklich.

2. Ich bin schon gestresst.
   - **A** Ich bin noch nicht gestresst.
   - **B** Ich bin nie/niemals gestresst.

3. Sie sind freundlich.
   - **A** Sie sind nicht freundlich.
   - **B** Sie sind noch nicht freundlich.

4. Bist du noch böse?
   - **A** Bist du nicht mehr böse?
   - **B** Bist du nie/niemals böse?

Focus — Quelques phrases autour des sentiments/émotions

Cochez la bonne traduction en allemand.

1. Je me réjouis déjà.
   - **A** Ich freue mich schon.
   - **B** Ich habe viel Glück.

2. Nous nous amusons beaucoup.
   - **A** Wir haben viel Lust.
   - **B** Wir haben viel Spaβ.

3. Elle n'a pas envie de venir.
   - **A** Sie hat keinen Spaβ zu kommen.
   - **B** Sie hat keine Lust zu kommen.

Module 29
GRUNDLAGEN

4. J'ai peur.
   - **A** Ich habe Angst.
   - **B** Ich habe leid.

5. Je suis désolé/e.
   - **A** Es tut mir Angst.
   - **B** Es tut mir leid.

Focus   Les interjections

Complétez avec l'interjection qui convient.

Corrigé page 293

1. …! Wir haben gewonnen. *Hourrah ! Nous avons gagné.*
   - **A** Hurra
   - **B** Mist
   - **C** Aua

2. …! Wir haben verloren. *Mince/Zut ! Nous avons perdu.*
   - **A** Aua
   - **B** Mist
   - **C** Pst

3. …! Ich bin müde. *Chut ! Je suis fatigué.*
   - **A** Pst
   - **B** Toll
   - **C** Ih

4. …! Wir haben in der Lotterie gewonnen. *Super ! Nous avons gagné à la loterie.*
   - **A** Pst
   - **B** Toll
   - **C** Aua

5. …! Das tut weh. *Aïe ! Ça fait mal.*
   - **A** Pst
   - **B** Toll
   - **C** Aua

6. …! Das schmeckt nicht gut. *Beurk ! Ce n'est pas bon.*
   - **A** Ih
   - **B** Pst
   - **C** Aua

Focus   *Der*, *die* ou *das* ?

Cochez l'article correspondant au genre des catégories suivantes.*

1. Noms des êtres de sexe masculin : **Mann, Junge, Herr, Bruder…**
   - **A** der
   - **B** die
   - **C** das

2. Noms des êtres de sexe féminin : **Frau, Schwester, Dame, Mutter…**
   - **A** der
   - **B** die
   - **C** das

Module 29
GRUNDLAGEN

3. Noms des petits des êtres vivants : **Kind, Baby, Kalb** *(veau)*...
   - **A** der
   - **B** die
   - **C** das

4. Noms des jours de la semaine, mois, saisons : **Montag, Mittwoch, Juli, Frühling** ...
   - **A** der
   - **B** die
   - **C** das

5. Lettres de l'alphabet : **A, B, C...**
   - **A** der
   - **B** die
   - **C** das

6. Chiffres et nombres : **0 null, 1 eins, 2 zwei...**
   - **A** der
   - **B** die
   - **C** das

7. Noms terminés en **-ung**, **-heit**, **-keit** et **-schaft** : **Übung** *(exercice)*, **Freiheit** *(liberté)*, **Freundlichkeit** *(amabilité)*, **Freundschaft** *(amitié)*...
   - **A** der
   - **B** die
   - **C** das

8. De nombreux noms terminés en **-er**, **-ling** et **-ismus** : **Lehrer**, **Schmetterling** *(papillon)*, **Optimismus** *(optimisme)*...
   - **A** der
   - **B** die
   - **C** das

9. Diminutifs terminés en **-chen** et **-lein** : **Mädchen, Fräulein**...
   - **A** der
   - **B** die
   - **C** das

* Certaines catégories de noms peuvent être classées par genre.

Focus — La déclinaison du groupe nominal défini

Complétez avec le groupe nominal défini décliné comme il convient.
Le cas et le genre ou le nombre sont indiqués entre parenthèses.

Corrigé page 293

1. Wie heißt ...? *(nom. masc.)*
   - **A** der junge Mann
   - **B** der junger Mann
   - **C** den junge Mann

2. Wer ist ... da? *(nom. fém.)*
   - **A** die junge Frau
   - **B** die jung Frau
   - **C** den junge Frau

3. Schläft ...? *(nom. neut.)*
   - **A** das kleines Mädchen
   - **B** der kleine Mädchen
   - **C** das kleine Mädchen

Module 29
GRUNDLAGEN

4. Ja, ... wollen feiern. *(nom. plur.)*
   - **A** die junge Leute
   - **B** die jung Leute
   - **C** die jungen Leute

5. Kennst du ... da? *(acc. masc.)*
   - **A** dem jungen Mann
   - **B** den jungen Mann
   - **C** der jungen Mann

6. Kennen Sie ...? *(acc. fém.)*
   - **A** die junge Frau
   - **B** die jung Frau
   - **C** den junge Frau

7. Er legt ... ins Bett. *(acc. neut.)*
   - **A** das kleines Mädchen
   - **B** den kleine Mädchen
   - **C** das kleine Mädchen

8. Kennst du ... da? *(acc. plur.)*
   - **A** die junge Leute
   - **B** den jungen Leute
   - **C** die jungen Leute

9. Was hast du ... gesagt? *(dat. masc.)*
   - **A** dem jungen Mann
   - **B** den jungen Mann
   - **C** der jungen Mann

10. Geben Sie es bitte ...? *(dat. fém.)*
    - **A** die junge Frau
    - **B** dem junge Frau
    - **C** der jungen Frau

11. Gib es ...? *(dat. neut.)*
    - **A** der kleinen Mädchen
    - **B** dem kleinen Mädchen
    - **C** das kleine Mädchen

12. Was hast du ... gesagt? *(dat. plur.)*
    - **A** den jungen Leuten
    - **B** den jungen Leute
    - **C** dem jungen Leute

13. Das ist das Auto ... *(gén. masc.)*
    - **A** der jungen Mannes
    - **B** des jungen Mannes
    - **C** dem jungen Mannes

14. Haben Sie den Pass ...? *(gén. fém.)*
    - **A** der junge Frau
    - **B** des jungen Fraus
    - **C** der jungen Frau

15. Wo sind die Eltern ...? *(gén. neut.)*
    - **A** des kleines Mädchen
    - **B** dem kleines Mädchen
    - **C** des kleinen Mädchens

Module 29
GRUNDLAGEN

16. Wo sind die Eltern ...? *(gén. plur.)*
    - **A** den kleinen Mädchen
    - **B** der kleinen Mädchen
    - **C** den kleinen Mädchens

Focus La déclinaison du groupe nominal indéfini

*Complétez avec le groupe nominal indéfini décliné comme il convient.
Le cas et le genre ou le nombre sont indiqués entre parenthèses.*

Corrigé page 293

1. Du bist ... *(nom. masc.)*
   - **A** ein junge Mann
   - **B** ein junger Mann
   - **C** einen junge Mann

2. Du bist ... *(nom. fém.)*
   - **A** ein junge Frau
   - **B** eine jung Frau
   - **C** eine junge Frau

3. Du bist noch ... *(nom. neut.)*
   - **A** ein kleine Mädchen
   - **B** ein kleines Mädchen
   - **C** eines kleine Mädchen

4. Warum wollen ... weniger arbeiten? *(nom. plur.)*
   - **A** junge Leute
   - **B** jungen Leute
   - **C** junger Leute

5. Kennst du ... zwischen 18 und 23 Jahren? *(acc. masc.)*
   - **A** ein jungen Mann
   - **B** einem jungen Mann
   - **C** einen jungen Mann

6. Wir suchen ... zwischen 22 und 27 Jahren. *(acc. fém.)*
   - **A** ein junge Frau
   - **B** eine junge Frau
   - **C** einen junge Frau

7. Hast du ... gesehen? *(acc. neut.)*
   - **A** eines klein Mädchen
   - **B** einen kleines Mädchen
   - **C** ein kleines Mädchen

8. Wir brauchen ... *(acc. plur.)*
   - **A** jungen Leute
   - **B** jungen Leute
   - **C** junge Leute

9. Ich habe ... geholfen. *(dat. masc.)*
   - **A** einem jungen Mann
   - **B** einen jungen Mann
   - **C** ein jungem Mann

Module 29
WORTSCHATZ

10. Geben Sie es bitte ... *(dat. fém.)*
    - **A** ein junger Frau
    - **B** einer jungen Frau
    - **C** einer junger Frau

11. Ich habe ... geholfen. *(dat. neut.)*
    - **A** ein junger Mädchen
    - **B** ein jungem Mädchen
    - **C** einem jungen Mädchen

12. Ich habe ... geholfen. *(dat. plur.)*
    - **A** jungen Leuten
    - **B** jungen Leute
    - **C** junger Leuten

13. Das ist das Auto ... *(gén. masc.)*
    - **A** eines jungen Mannes
    - **B** einen jungen Mannes
    - **C** einem jungen Mannes

14. Es ist die Stimme *(voix)* ... *(gén. fém.)*
    - **A** eine junge Frau
    - **B** einer jungen Frau
    - **C** einer junger Frau

15. Es ist die Stimme *(voix)* ... *(gén. neut.)*
    - **A** eines kleines Mädchen
    - **B** einem kleines Mädchen
    - **C** eines kleinen Mädchens

16. Wir sind ein Team *(Gruppe)* ... *(gén. plur.)*
    - **A** jungen Leute
    - **B** junges Leuten
    - **C** junger Leute

Corrigé page 293

Noms

die Angst (sing.)	*peur*
die Freude (sing.)	*joie/plaisir*
die Freundschaft (sing.)	*amitié*
das Glück (sing.)	*chance*
die Liebe (sing.)	*amour*
die Ruhe (sing.)	*calme/tranquillité*
der Stress (sing.)	*stress*
das Unglück (sing.)	*malchance/malheur*

Module 29
WORTSCHATZ

Adjectifs

böse	*méchant*
ernst	*sérieux*
gestresst	*stressé*
glücklich	*heureux*
lieb	*gentil*
lustig	*drôle*
nervös	*nerveux*
ruhig	*calme*
traurig	*triste*
verliebt	*amoureux*

Adverbes

immer	*toujours*
noch	*encore*
noch nicht	*pas encore*
schon	*déjà*
vielleicht	*peut-être*

Interjections

Aua!	*aïe !*
Hurra!	*hourrah !*
Ih!	*beurk !*
Mist!	*mince/zut !*
Pst!	*chut !*
Toll!	*super !*

Module 29
LÖSUNGEN

Grundlagen

VOTRE SCORE :

PAGE 284 - Les adjectifs autour des sentiments/émotions
1 B 2 A 3 B 4 C 5 A 6 B 7 A 8 B 9 C 10 A 11 B

PAGE 285 - Les noms autour des sentiments/émotions
1 A 2 B 3 C 4 A 5 B 6 C 7 A

PAGE 285 - Les adverbes
1 C 2 A 3 B 4 C 5 B

PAGE 286 - Les adverbes de négation : **nicht**, *ne ... pas*, **nie(mals)**, *jamais*, **noch nicht**, *pas encore* et **nicht mehr**, *plus*
1 B 2 A 3 A 4 A

PAGE 286 - Quelques phrases autour des sentiments/émotions
1 A 2 B 3 B 4 A 5 B

PAGE 287 - Les interjections
1 A 2 B 3 A 4 B 5 C 6 A

PAGE 287 - Der, die ou das ?
1 A 2 B 3 C 4 A 5 C 6 B 7 B 8 A 9 C

PAGE 288 - La déclinaison du groupe nominal défini
1 A 2 A 3 C 4 C 5 B 6 A 7 C 8 C 9 A 10 C 11 B 12 A 13 B 14 C 15 C 16 B

PAGE 290 - La déclinaison du groupe nominal indéfini
1 B 2 C 3 B 4 A 5 C 6 B 7 C 8 C 9 A 10 B 11 C 12 A 13 A 14 B 15 C 16 C

Vous avez obtenu entre 0 et 26 ? Revoyez chaque question en prenant un ouvrage de référence du niveau A2, comme *Objectif Langues* (Assimil).

Vous avez obtenu entre 27 et 39 ? C'est encore assez moyen. Revoyez vos erreurs toujours en vous aidant d'un ouvrage de référence.

Vous avez obtenu entre 40 et 59 ? C'est bien. Analysez vos erreurs et si besoin est révisez les points que vous ne maîtrisez pas complètement.

Vous avez obtenu entre 60 et 71 ? C'est très bien. Soyez vigilant aux fautes d'attention.

Vous avez obtenu 72 et plus ? Bravo. Vous pouvez passer au niveau supérieur.

Module 30
GRUNDLAGEN

Focus *Deutschland*, l'Allemagne

Complétez avec le terme qui convient.

1. Die ... Deutschlands ist Berlin.
   - **A** Stadt
   - **B** Hauptstadt
   - **C** Staat
   - **D** Bundesland

2. Deutschland hat 16 ...
   - **A** Städte
   - **B** Einwohner
   - **C** Staaten
   - **D** Bundesländer

3. Berlin ist die größte ... in Deutschland.
   - **A** Stadt
   - **B** Hauptstadt
   - **C** Einwohner
   - **D** Bundesland

4. Deutschland hat ungefähr *(environ)* 83 Millionen ...
   - **A** Städte
   - **B** Einwohner
   - **C** Staaten
   - **D** Bundesländer

5. Deutschland ist 357 581 km² ...
   - **A** weit
   - **B** hoch
   - **C** groß
   - **D** dick

6. Der Rhein ist der längste ... in Deutschland.
   - **A** See
   - **B** Fluss
   - **C** Turm
   - **D** Berg

Focus *Die deutsche Städte*, les villes allemandes

Complétez avec le terme qui convient.

1. Berlin liegt im ... Deutschlands.
   - **A** Norden
   - **B** Westen
   - **C** Süden
   - **D** Osten

2. München liegt im ...
   - **A** Norden
   - **B** Westen
   - **C** Süden
   - **D** Osten

3. Hamburg liegt im ...
   - **A** Norden
   - **C** Westen
   - **C** Süden
   - **D** Osten

4. Köln liegt im ...
   - **A** Norden
   - **C** Westen
   - **C** Süden
   - **D** Osten

Focus *Die deutsche Berühmtheiten*, les célébrités allemandes

Complétez avec le terme qui convient. Il peut y avoir deux réponses possibles.

1. Johann Sebastian Bach war ...
   - **A** Sänger *(chanteur)*
   - **B** Komponist *(compositeur)*

Module 30
GRUNDLAGEN

2. Johann Wolfgang von Goethe war ...
   - **A** Dichter *(poète)*
   - **B** Komponist *(compositeur)*

3. Ludwig der Zweite war ... von Bayern.
   - **A** Dichter *(poète)*
   - **B** König *(roi)*

4. Marlene Dietrich war eine deutsche ....
   - **A** Sängerin *(chanteuse)*
   - **B** Schauspielerin *(actrice)*

Focus — L'histoire de l'Allemagne

Cochez la bonne traduction en allemand.

Corrigé page 300

1. la construction du mur (de Berlin)
   - **A** der Wandfall
   - **B** der Mauerbau
   - **C** der Mauerfall

2. la chute du mur
   - **A** der Wandfall
   - **B** der Mauerbau
   - **C** der Mauerfall

3. l'ouverture des frontières
   - **A** die Wiedervereinigung
   - **B** die Teilung der Grenzen
   - **C** die Öffnung der Grenzen

4. la division de l'Allemagne
   - **A** die Wiedervereinigung Deutschlands
   - **B** die Teilung Deutschlands
   - **C** die Grenzen Deutschlands

5. la réunification
   - **A** die Wiedervereinigung
   - **B** die Einheit der Grenzen
   - **C** die Öffnung der Grenzen

Focus — Le passif d'action au prétérit : 3ᵉ pers. sing. et plur.

Cochez la bonne traduction en allemand.

1. En 1949, l'Allemagne fut divisée en deux *(litt. divisée en deux parties)*.

   A 1949 wurden Deutschland in zwei Teile geteilt.

   B 1949 wird Deutschland in zwei Teile geteilt.

   C 1949 wurde Deutschland in zwei Teile geteilt.

Module 30
GRUNDLAGEN

2. Le mur de Berlin fut construit le 13/08/1961.
   - **A** Die Berliner Mauer war am 13.08.1961 gebaut.
   - **B** Die Berliner Mauer wird am 13.08.1961 gebaut.
   - **C** Die Berliner Mauer wurde am 13.08.1961 gebaut.

3. Les frontières furent ouvertes le 9/11/1989.
   - **A** Die Grenzen wurden am 9.11.1989 geöffnet.
   - **B** Die Grenzen werden am 9.11.1989 geöffnet.
   - **C** Die Grenzen waren am 9.11.1989 geöffnet.

> **Astuce** Au prétérit, le passif d'action se forme avec l'auxiliaire **werden** au prétérit + participe passé en fin de proposition.

Focus Le prétérit

Cochez la bonne traduction en allemand.

Corrigé page 300

1. Quand le mur tomba.
   - **A** Als die Mauer fiel.
   - **B** Als die Mauer fielte.
   - **C** Als die Mauer fällt.

2. Des milliers d'Allemands de l'Ouest se trouvaient *(litt. étaient debout)* aux postes-frontières.
   - **A** Tausende Ostdeutsche stehten an den Grenzübergängen.
   - **B** Tausende Ostdeutsche standen an den Grenzübergängen.
   - **C** Tausende Ostdeutsche standeten an den Grenzübergängen.

3. Des milliers d'Allemands de l'Est allèrent *(litt. roulèrent)* à l'Ouest.
   - **A** Tausende Ostberliner fahrten in den Westen.
   - **B** Tausende Ostberliner fuhrten in den Westen.
   - **C** Tausende Ostberliner fuhren in den Westen.

4. Les Allemands de l'Ouest accueillirent les Allemands de l'Est avec du mousseux.
   - **A** Die Westdeutschen empfangten die Ostdeutschen mit Sekt.
   - **B** Die Westdeutschen empfungen die Ostdeutschen mit Sekt.
   - **C** Die Westdeutschen empfingen die Ostdeutschen mit Sekt.

Module 30
GRUNDLAGEN

Astuce Au prétérit, les verbes forts changent de radical et prennent les terminaisons : Ø, -st, Ø, -en, -t, -en. Le participe passé se forme avec le préfixe **ge-** et la terminaison **-en**. Selon le verbe, le radical change par rapport à l'infinitif ou pas.

Focus Le prétérit et le parfait des verbes forts les plus courants

Corrigé page 300

Cochez la conjugaison qui convient.

1. gehen *(aller)*
   - **A** ging – gegingen
   - **B** ging – gegangen
   - **C** gang – gegangen

2. kommen *(venir)*
   - **A** kam – gekommen
   - **B** kam – gekamen
   - **C** kam – gekommt

3. bleiben *(rester)*
   - **A** blieb – geblieben
   - **B** blieb – gebleiben
   - **C** bliebte – gebleiben

4. nehmen *(prendre)*
   - **A** nihmt – genehmen
   - **B** nehmte – genahmen
   - **C** nahm – genommen

5. sehen (sieht)* *(voir)*
   - **A** seh – gesahen
   - **B** sah – gesahen
   - **C** sah – gesehen

6. schreiben *(écrire)*
   - **A** schreib – geschrieben
   - **B** schrab – geschroben
   - **C** schrieb – geschrieben

7. sprechen (spricht) *(parler)*
   - **A** sprechte – gesprechen
   - **B** sprach – gesprochen
   - **C** sproch – gesprachen

8. beginnen *(commencer)*
   - **A** begann – begonnen
   - **B** begonn – begonnen
   - **C** beginn – begonnen

9. finden *(trouver)*
   - **A** fund – gefinden
   - **B** fand – gefunden
   - **C** fund – gefonden

* Dans les grammaires, les verbes forts sont présentés comme suit : infinitif du verbe – (3ᵉ pers. du sing. pour les verbes avec changement de voyelle au présent de l'indicatif) – 3ᵉ pers. du sing. au prétérit – participe passé.

Module 30
GRUNDLAGEN

Complétez avec le sujet qui convient. Il peut y avoir deux réponses possibles.

1. ... fuhren in den Westen.
   - **A** Die Leute
   - **B** Alle
   - **C** Mein Vater

2. Fuhrt ... auch in den Westen?
   - **A** ihr
   - **B** dein Vater
   - **C** deine Familie

3. Fuhrst ... auch in den Westen?
   - **A** ihr
   - **B** die Ostberliner
   - **C** du

4. In der Nacht vom 9. auf den 10. November fuhren ... alle in den Westen.
   - **A** sie *(sing.)*
   - **B** wir
   - **C** er

5. ... fuhr manchmal in den Osten.
   - **A** Ich
   - **B** Meine Eltern
   - **C** Meine Familie

Focus *Die deutsche Tugenden*, les vertus allemandes

Cochez la bonne traduction en allemand.

Corrigé page 300

1. la ponctualité
   - **A** die Pünktlichkeit
   - **B** die Sauberkeit
   - **C** die Zuverlässigkeit
   - **D** die Ordnung

2. l'ordre
   - **A** die Pünktlichkeit
   - **B** die Sauberkeit
   - **C** die Zuverlässigkeit
   - **D** die Ordnung

3. la propreté
   - **A** die Pünktlichkeit
   - **B** die Sauberkeit
   - **C** die Zuverlässigkeit
   - **D** die Ordnung

4. la fiabilité
   - **A** die Pünktlichkeit
   - **B** die Sauberkeit
   - **C** die Zuverlässigkeit
   - **D** die Ordnung

Module 30
WORTSCHATZ

Verbes

empfangen	*accueillir*
fallen	*tomber*

Noms

die Berühmtheit (en)	*célébrité*
das Bundesland (¨er)	*Land*
der Dichter (-)	*poète*
der Einwohner (-)	*habitant*
der Fluss (¨e)	*fleuve*
der Grenzübergang (¨e)	*poste-frontière*
die Hauptstadt (¨e)	*capitale*
der Komponist (en)	*compositeur*
der König (e)	*roi*
der Mauerbau (sing.)	*construction du mur*
der Mauerfall (sing.)	*chute du mur*
die Öffnung (~ der Grenzen)	*ouverture (~ des frontières)*
die Ordnung (sing.)	*ordre*
der Ostdeutsche (n)	*Allemand de l'Est*
die Pünktlichkeit (sing.)	*ponctualité*
der Sänger (-)	*chanteur*
die Sauberkeit (sing.)	*propreté*
der Schauspieler (-)	*acteur*
der Staat (en)	*état*
die Teilung (~ Deutschlands)	*division (~ de l'Allemagne)*
die Tugend (en)	*vertu*
der Turm (¨e)	*tour*
der Westdeutsche (n)	*Allemand de l'Ouest*
die Wiedervereinigung (sing.)	*réunification*
die Zuverlässigkeit (sing.)	*fiabilité*

Module 30
LÖSUNGEN

Grundlagen

VOTRE SCORE :

PAGE 294 - Deutschland, *l'Allemagne*
1 **B** 2 **D** 3 **A** 4 **B** 5 **C** 6 **B**

PAGE 294 - Die deutsche Städte, *les villes allemandes*
1 **D** 2 **C** 3 **A** 4 **B**

PAGE 294 - Die deutsche Berühmtheiten, *les célébrités allemandes*
1 **B** 2 **A** 3 **B** 4 **A/B**

PAGE 295 - L'histoire de l'Allemagne
1 **B** 2 **C** 3 **C** 4 **B** 5 **A**

PAGE 295 - Le passif d'action au prétérit : 3ᵉ pers. sing. et plur.
1 **C** 2 **C** 3 **A**

PAGE 296 - Le prétérit
1 **A** 2 **B** 3 **C** 4 **C**

PAGES 297-298 - Le prétérit et le parfait des verbes forts les plus courants
1 **B** 2 **A** 3 **A** 4 **C** 5 **C** 6 **C** 7 **B** 8 **A** 9 **B**
1 **A/B** 2 **A** 3 **C** 4 **B** 5 **A/C**

PAGE 298 - Die deutsche Tugenden, *les vertus allemandes*
1 **A** 2 **D** 3 **B** 4 **C**

Vous avez obtenu entre 0 et 14 ? Revoyez chaque question en prenant un ouvrage de référence du niveau A2, comme *Objectif Langues* (Assimil).

Vous avez obtenu entre 15 et 22 ? C'est encore assez moyen. Revoyez vos erreurs toujours en vous aidant d'un ouvrage de référence.

Vous avez obtenu entre 23 et 33 ? C'est bien. Analysez vos erreurs et si besoin est révisez les points que vous ne maîtrisez pas complètement.

Vous avez obtenu entre 34 et 39 ? C'est très bien. Soyez vigilant aux fautes d'attention.

Vous avez obtenu 40 et plus ? Bravo. Vous pouvez passer au niveau supérieur.

© 2021, ASSIMIL
Dépôt légal : septembre 2021
N° d'édition : 4081
ISBN : 978-2-7005-0872-7

Achevé d'imprimer en Roumanie -
septembre 2021
www.assimil.com